Dr. Wolfgang Brückle

So lindern Sie wirksam Rheuma

Weltbild

INHALT

Volkskrankheit Rheuma 5

Was versteht man unter Rheuma? 6
Überblick über die rheumatischen Erkrankungen 7
Die wichtigsten Fachbegriffe 8
Wann Sie zum Arzt gehen sollten 9
Diagnosemöglichkeiten 10

Wichtige Ursachen von Rheuma 14
Mangelnde Bewegung 15
Überlastung und Übergewicht 16
Chronische Überforderung und Stress 17
Immunologische Störungen 19
Vererbung 20
Infektionen 21
Ist das Wetter schuld? 21

Das Gefühl von Gesundheit erwirbt man sich nur durch Krankheit.
Georg Christoph Lichtenberg

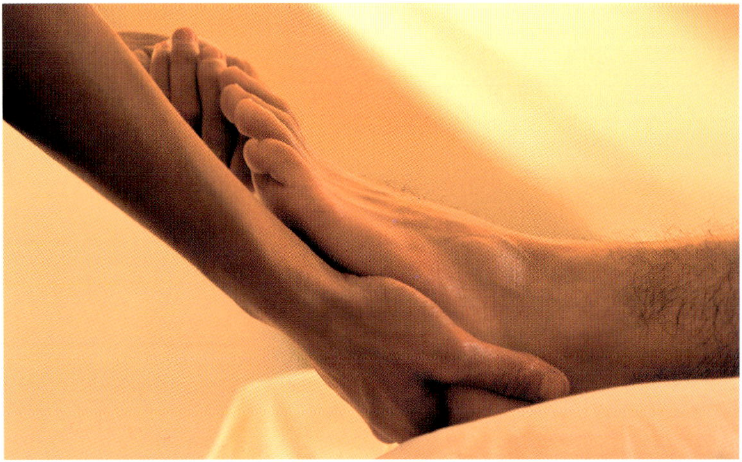

Rheuma wird nicht nur mit Hilfe von Medikamenten behandelt, sondern auch mit alternativen Heilmethoden.

Gymnastische Übungen gehören zum Aktivprogramm gegen Rheuma und erhalten die Beweglichkeit.

Aktivprogramm gegen Rheuma 22
Ernährung 23
Wer rastet, der rostet 36
Wärme und Kälte 45
Stress und Schmerzen kontrollieren 48
Entspannungsverfahren 50
Rheumahilfen im Alltag 53

Hilfe bei rheumatischen Beschwerden 58
Behandlung von leichten rheumatischen Beschwerden 59
Gezielter Einsatz von Medikamenten 60
Gymnastik 68
Bäder, Wickel & Co. 74
Weitere physikalische Therapien 76
Traditionelle Chinesische Medizin 82
Homöopathie und verwandte Verfahren 84

An Rheumatismus und an wahre Liebe glaubt man erst, wenn man davon befallen wird.

Marie von Ebner-Eschenbach

Es gibt zahlreiche Heilverfahren, mit deren Hilfe rheumatische Leiden gelindert werden können.

Heilpflanzen und Phytotherapie 85
Unkonventionelle Verfahren 88
Psychologische Therapieverfahren 90
Operationen 91

Mit Rheuma leben 94
Körperliche Einschränkungen und seelische Auswirkungen 95
Positive Einstellungen finden und neue Ziele setzen ... 96
Reisen 101
Soziale Hilfen 104
Kontakte und Austausch mit anderen 111

In der einen Hälfte unseres Leben opfern wir unsere Gesundheit, um Geld zu erwerben. In der anderen Hälfte opfern wir Geld, um die Gesundheit wiederzuerlangen.
Voltaire

Verzeichnis der Fachbegriffe 112
Kontaktadressen und Selbsthilfegruppen 121
Zum Weiterlesen 125
Über dieses Buch 126
Register 127

Volkskrankheit Rheuma

Das erste Jahrzehnt des neuen Jahrtausends wurde von der Weltgesundheitsorganisation (WHO) zur Dekade »joint and bone«, dem Jahrzehnt der Gelenke und Knochen, ausgerufen. Nicht ohne Grund, denn weltweit mehren sich Beschwerden und Erkrankungen an den Bewegungsorganen.

Mit Sicherheit lässt sich die Zunahme dieser Erkrankungen auf den Fortschritt, die Zivilisation und Veränderungen der Umwelt zurückführen, doch ist das nicht die ganze Wahrheit: Arthrosen der Hüftgelenke gab es schon in der Steinzeit, wie prähistorische Knochenfunde bestätigen. Und bei Röntgenuntersuchungen ägyptischer Mumien wurden Zeichen der Bechterewschen Erkrankung ans Licht gebracht. Allerdings werden die Menschen seit gut hundert Jahren in einem dramatischen Maße älter, und damit auch ihr Körper: Herz und Blutgefäße ebenso wie Knochen, Gelenke, Muskeln, Sehnen und Bänder.

Der Himmel hilft niemals denen,
die nicht handeln wollen.
Aristoteles, um 340 v. Chr.

Deshalb müssen wir mit unseren Organen sorgsam umgehen und sollten weder dem Magen, den Blutgefäßen oder der Lunge noch unseren Bewegungsorganen Gewalt antun. Für unsere Knochen und Muskeln heißt das nicht etwa Schonung durch Ruhe, sondern vielmehr Fithalten durch Bewegung und sinnvolle Belastung. Darüber hinaus sollten wir uns vernünftig ernähren und Körper, Geist und Seele Entspannung gönnen.

Dieses Buch will Sie informieren, wie Sie rheumatischen Beschwerden vorbeugen können. Es zeigt Ihnen jedoch auch, was Sie tun können, wenn Sie bereits unter rheumatischen Beschwerden leiden. Auf diesen praktischen Möglichkeiten liegt der Schwerpunkt, weniger auf einer detaillierten Beschreibung einzelner Krankheitsbilder. Nicht nur unser überlastetes Gesundheitssystem zwingt nämlich Betroffene, selbst etwas für ihre Gesundheit zu tun – viele Dinge können nur Sie selbst in Angriff nehmen. Fangen Sie heute noch damit an!

Was versteht man unter Rheuma?

Sicher haben auch Sie schon manchmal von dem einen oder anderen Freund oder Bekannten oder von Familienmitgliedern gehört: »Mein Rheuma macht mir wieder zu schaffen.« Dabei ist aber oft völlig unklar, welche Krankheitsbilder überhaupt zum Begriff »Rheuma« gehören. Darüber erhalten Sie in diesem Kapitel einen Überblick. Außerdem erfahren Sie das Wichtigste in Kürze über die Diagnosemöglichkeiten.

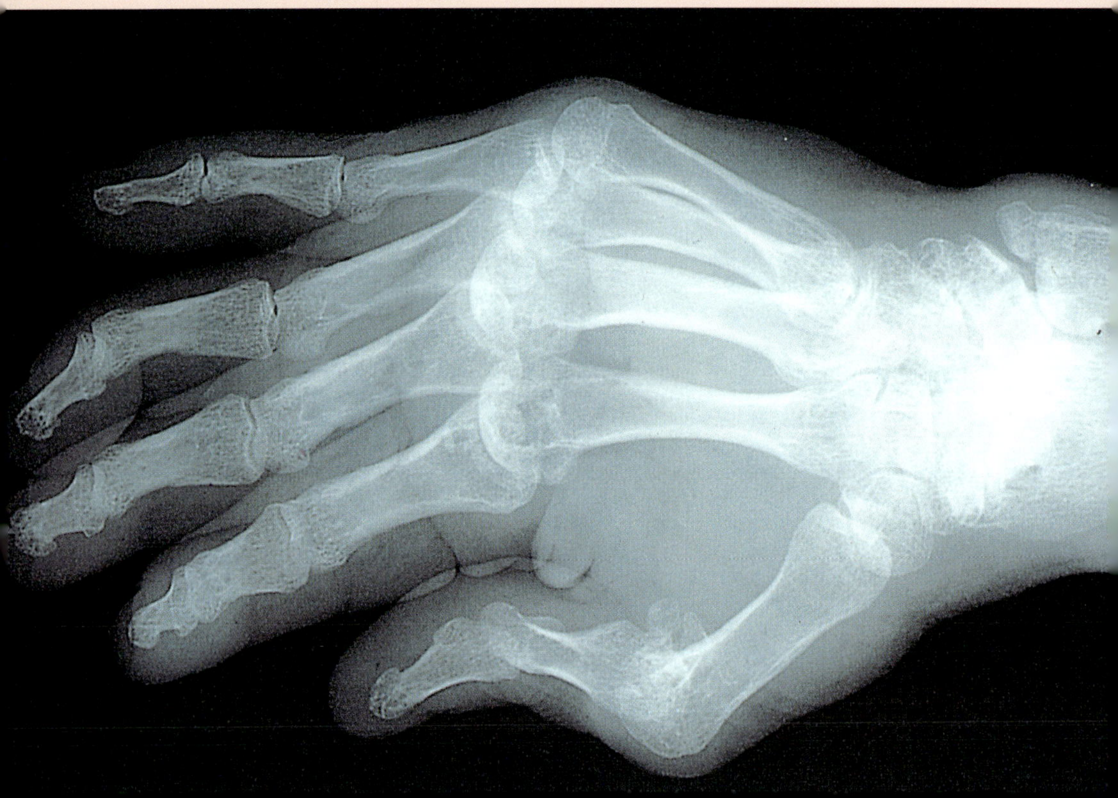

Überblick über die rheumatischen Erkrankungen

Die Weltgesundheitsorganisation definiert »Rheuma« als Erkrankung an den Bewegungsorganen. Viele Menschen verstehen unter Rheuma aber auch eine Gelenkentzündung.
Rheumatische Krankheiten werden in vier Gruppen eingeteilt:

- Die entzündlich-rheumatischen Erkrankungen: Ihre Merkmale sind Entzündungszeichen im Blut, schlechtes Allgemeinbefinden sowie manchmal leichtes Fieber. Gelegentlich können auch innere Organe befallen sein. Der bekannteste Vertreter dieser Gruppe ist die chronische Polyarthritis. Zu den entzündlich-rheumatischen Erkrankungen gehören aber auch andere Arthritis-Formen, entzündliche Erkrankungen der Wirbelsäule und entzündliche Bindegewebs- und Gefäßerkrankungen.
- Die Verschleißerkrankungen der Gelenke (Arthrosen): Besonders von Verschleiß betroffen sind Hüft- und Kniegelenke, im Alter oft auch die Finger. Verschleißerkrankungen der Wirbelsäule können die Gelenke oder die Bandscheiben betreffen.
- Die (nicht entzündlichen) Weichteilerkrankungen: Diese können entweder an einzelnen Stellen (Sehnen, Schleimbeutel etc.) oder auch über den ganzen Bewegungsapparat ausgebreitet (Fibromyalgie) auftreten.
- Die pararheumatischen Erkrankungen: Darunter versteht man Krankheiten, die ihren Ursprung nicht direkt an den Bewegungsorganen haben, sondern erst in einem späteren Stadium der Erkrankung an Gelenken oder der Wirbelsäule auftreten. Häufig handelt es sich dabei um Stoffwechselerkrankungen. Ein gutes Beispiel hierfür ist die Gicht, die auf eine Erhöhung der Harnsäure im Blut zurückzuführen ist. Auch die Osteoporose gehört zu diesen Erkrankungen. Der schleichende Knochenabbau wirkt sich auf die Stabilität der Wirbelsäule und anderer Knochen aus.

Das Wort »Rheuma« kommt aus dem Griechischen und bedeutet »das Fließende«. In der Antike verstand man darunter eine Vielzahl von Erkrankungen, die wir heute nicht mehr so einfach zusammenfassen würden: vom Katarrh (in den letzten zwei Buchstaben ist »Rheuma« noch zu erkennen) bis eben zu den rheumatischen Erkrankungen.

Bild Seite 6: Röntgenbild der Hand bei fortgeschrittener Arthritis (Gelenkentzündung)

Die wichtigsten Fachbegriffe

Wie der wissenschaftliche Name sagt, handelt es sich bei der ***Polyarthritis*** *um eine Gelenkentzündung, die viele Gelenke gleichzeitig befällt. Wie die meisten rheumatischen Leiden ist die Erkrankung chronisch – Patienten müssen also lernen, mit ihrer Krankheit zu leben. Die chronische Polyarthritis beginnt meist schleichend, zunächst sind ein oder zwei Gelenke zeitweise geschwollen oder schmerzen manchmal auch nur. Nach der Diagnose durch den Arzt werden zunächst Medikamente verschrieben.*

Ob es sich um eine entzündliche Gelenkerkrankung oder Verschleißrheuma handelt, kann man häufig daran erkennen, wie der Name der Erkrankung endet.

Arthr**itis**	**Entzündung**	Gelenk	**Verschleiß**	Arthr**ose**
Spondyl**itis**	**Entzündung**	Wirbelsäule	**Verschleiß**	Spondyl**ose**

Wie viele Gelenke betroffen sind, lässt sich an der Vorsilbe erkennen:

Monarthritis	Entzündung in **einem** Gelenk
Oligoarthritis	Entzündung in **mehreren** Gelenken
Polyarthritis	Entzündung in **vielen** Gelenken, entsprechend bei Verschleiß: **Poly**arthrose

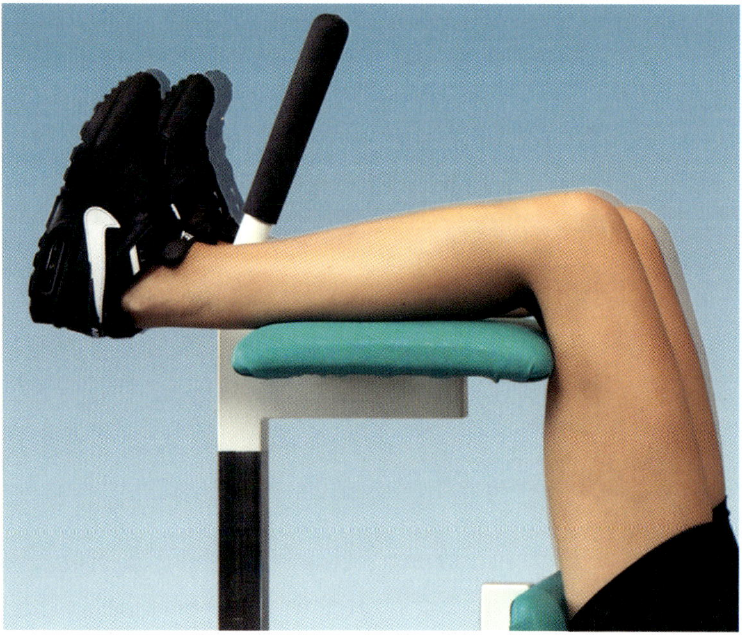

Arthosen bezeichnen eine Abnutzung, Arthritiden eine Entzündung des Gelenks. Das Knie ist von beidem häufig betroffen.

Wann Sie zum Arzt gehen sollten

Treten bei Ihnen plötzlich Beschwerden an den Bewegungsorganen auf, die sich nicht in kurzer Zeit von selbst zurückbilden, so sollten Sie Ihren Hausarzt aufsuchen. Dies ist besonders wichtig, wenn der Verdacht auf eine entzündliche Rheumaerkrankung besteht. Bestätigt Ihr Arzt den Verdacht auf ein entzündliches Rheuma, so muss die Erkrankung meist umgehend mit Medikamenten behandelt werden.

Bei zunehmenden oder starken Gelenkschmerzen oder Gelenkschwellungen ist ebenfalls ärztliche Abklärung und Behandlung ratsam. Wirbelsäulenschmerzen gehören zu den häufigsten Beschwerden überhaupt. Vergehen sie innerhalb einiger Tage, brauchen Sie nicht weiter nach der Ursache zu forschen. Halten die Beschwerden jedoch länger an, sollten Sie sich unbedingt untersuchen lassen.

Besonders hartnäckig sind weichteilrheumatische Beschwerden. So kann es bei einem Tennisellbogen viele Wochen oder Monate dauern, bis sich die Beschwerden zurückgebildet haben.

Der Aufbau eines Gelenks

Jedes Gelenk besteht aus zwei gegeneinander beweglichen Knochen, die oft als »Kopf« und »Pfanne« ausgeformt sind. Die Enden dieser Knochen sind mit Knorpel überzogen. Zwischen den Knochen liegt der Gelenkraum, der wiederum von der Gelenkkapsel umgeben ist. Die Innenseite dieser Gelenkkapsel ist von der Gelenkinnenhaut ausgekleidet. Diese sondert eine geringe Menge Gelenkflüssigkeit ab, die als Gleitmittel dient. Für die Stabilität des Gelenkes sorgen Bänder und die Muskulatur. Dabei sind die Muskeln jedoch nicht direkt, sondern über eine Sehne am Knochen befestigt. Schmerzen entstehen unter anderem durch die Überlastung von Muskeln und Sehnen oder durch den Verschleiß der Knorpelmasse (Knochen trifft auf Knochen).

Verschleißerkrankungen an den Gelenken werden als ***Arthrosen*** *bezeichnet. Man unterscheidet zwischen den primären Arthrosen, die alle älteren Menschen heimsuchen – jedoch in sehr unterschiedlichem Maße Beschwerden verursachen – und sekundären Arthrosen, bei denen eine Überlastung des Gelenkes zu vorzeitigem Verschleiß führt. Ursachen der sekundären Arthrosen können sein:*

- *Angeborene Gelenkfehlbildungen (z. B. Beinverkürzung)*
- *Fehlstellungen (z. B. X- oder O-Beine)*
- *Entzündliche Gelenkerkrankung oder Gicht*
- *Unfallschäden am Gelenk oder Fehlstellung*
- *Am Knie Meniskusschaden*
- *Übergewicht*

Diagnosemöglichkeiten

__Rückenbeschwerden__ sind die häufigsten rheumatischen Beschwerden. 70 Prozent der Bevölkerung kennen sie, und sie sind auch der häufigste Grund für Krankheit am Arbeitsplatz. Die Ursachen von Rückenschmerzen sind höchst unterschiedlich: Es gibt angeborene Schäden der Wirbelsäule, Schäden durch Fehlhaltung oder einseitige Überlastung, psychische Belastungen, Stress, Übergewicht und Wirbelsäulenkrankheiten. An der Wirbelsäule treten ähnliche Verschleißvorgänge wie an den Gelenken der Arme, Beine und des Kiefers auf.

Auch heute noch werden die allermeisten Diagnosen rheumatischer Erkrankungen nicht durch technische Untersuchungen gestellt, sondern durch die Schilderung des Patienten, das gezielte Nachfragen des Arztes sowie durch eine exakte Untersuchung. Dabei ist gerade bei den entzündlichen Erkrankungen die Untersuchung des gesamten Körpers notwendig, da im Einzelfall auch Auge, Haut und innere Organe betroffen sein können und so auf die richtige Diagnose weisen.

Die Blutuntersuchung

Zur Abklärung von entzündlichem Rheuma muss der Arzt Blut abnehmen. Die wichtigste Laboruntersuchung bei einer Entzündung ist die Blutsenkung, bei der sich in Millimetern ablesen lässt, wie stark sich die Blutkörperchen innerhalb einer Stunde abgesenkt haben.

Diese Werte können jedoch durch verschiedene Einflüsse gestört sein, unter anderem durch starke Blutarmut oder erhöhtes Bluteiweiß. Deshalb muss die Entzündung mit weiteren Methoden bestimmt werden.

Häufig wird bei entzündlichem Rheuma ein zu niedriger Eisenwert im Blut gefunden; auch der Blutfarbstoff Hämoglobin ist dann verringert. Zu diesen Veränderungen kommt es, weil sich das Eisen in der Blutbahn in die Speicher des Körpers verschiebt. Bestimmt man dann das Speichereisen (Ferritin), das ein Vielfaches des freien Eisens ausmacht, so ist dieser Wert bei einer Entzündung normal oder erhöht.

Ein bekannter Laborwert ist der so genannte Rheumafaktor. Er ist bei etwa zwei Drittel der Patienten mit einer chronischen Polyarthritis erhöht. Allerdings kann dieser auch bei anderen entzündlichen Rheumaerkrankungen und völlig anderen Krankheiten »positiv« gefunden werden.

MORBUS BECHTEREW ERKENNEN

Bei Morbus Bechterew und verwandten Erkrankungen wird sehr häufig das so genannte HLA-B 27 gefunden - ein Blutgruppenmerkmal, das sich im Gegensatz zu anderen Laborwerten niemals ändert. Allein der Nachweis von HLA-B 27 nutzt zur Diagnose einer rheumatischen Krankheit aber genauso wenig wie der Rheumafaktor. Dieser Nachweis gelingt nämlich bei sieben bis acht Prozent der Bevölkerung, doch nur fünf Prozent dieser Menschen haben tatsächlich die gesuchte Krankheit.

Wann eine Untersuchung der Gelenkflüssigkeit hilft

Ob ein Patient unter Gicht leidet, kann mit einer Harnsäurebestimmung geklärt werden. Allerdings ist die Harnsäure bei einem Gichtanfall nicht immer erhöht. Sicher lässt sich Gicht nur nachweisen, wenn in der Gelenkflüssigkeit Harnsäurekristalle identifiziert werden können. In der Gelenkflüssigkeit können auch Zahl und Art der Leukozyten (weiße Blutkörperchen) bestimmt werden. Dies hilft zu unterscheiden, ob etwa eine Kniegelenksschwellung allein im Rahmen einer Arthrose besteht oder ob eine entzündliche Gelenkerkrankung vorliegt. Bei einer massiven Leukozytenansammlung im Gelenk muss eine eitrige Gelenkentzündung in Betracht gezogen werden - ein rheumatologischer Notfall.

WAS SIE GEGEN GICHT TUN KÖNNEN

- Bei einem akuten Gichtanfall stellen Sie das Gelenk ruhig und kühlen es.
- Nehmen Sie ab, wenn Sie übergewichtig sind.
- Meiden Sie Alkohol, vor allem Bier.
- Meiden Sie purinhaltige Lebensmittel (→ Seite 28).
- Trinken Sie viel (mehr als 2,5 Liter pro Tag), um den Harnsäuregehalt in den Nieren zu mindern.

*Die Erkrankung **Morbus Bechterew** gehört zu den »seronegativen Spondyloarthopathien«. Seronegativ heißt hier, dass der Rheumafaktor kein Merkmal der Erkrankung ist. Der Morbus Bechterew beginnt meist im jugendlichen Alter und fast immer als Kreuz-Darmbein-Entzündung. Sehr oft verbleibt er auch in diesem Stadium. Bei Frauen verläuft die Krankheit meist milder als bei Männern. Die Betroffenen verspüren anfangs tief sitzende Kreuzschmerzen, die häufig in die Oberschenkel ausstrahlen. Charakteristisch sind nächtliche Kreuzschmerzen in den frühen Morgenstunden, die sich bei Bewegung bessern. Oft tritt zu Krankheitsbeginn eine flüchtige Gelenkentzündung, meist im Knie, auf.*

Was man auf Bildern sehen kann

Weitere hilfreiche Diagnosemethoden sind so genannte Bild gebende Verfahren, in erster Linie die Röntgenuntersuchung. Röntgenbilder zeigen Veränderungen an Knochen bei entzündlichem Rheuma und bei Verschleißerscheinungen. Allerdings können Röntgenbilder keine frische Erkrankung entdecken, da hier der Krankheitsprozess noch auf die Weichteile der Gelenke oder der Wirbelsäule begrenzt ist.

Für die Darstellung von Gelenkergüssen und Schwellungen kann die Ultraschalluntersuchung von Nutzen sein. Schichtaufnahmen der Gelenke oder der Wirbelsäule liefern die Computertomographie und die Kernspintomographie. Die erste Methode ist auf Grund der Strahlenbelastung, die zweite auf Grund des hohen Preises sehr speziellen Fragestellungen vorbehalten.

Vermehrte Durchblutung und erhöhter Knochenstoffwechsel werden mit der Szintigraphie sichtbar gemacht. Dabei wird eine radioaktive Flüssigkeit in die Vene gespritzt, die sich dann in den vermehrt aktiven Geweben anreichert und somit entzündete Gelenk- und Knochenprozesse, aber auch Tumoren, anzeigen kann.

Um eine Osteoporose feststellen zu können, muss eine Knochendichtemessung durchgeführt werden, da Röntgenbilder den Knochenschwund nur sehr unsicher und auch erst im fortgeschrittenen Stadium zeigen.

*Die **Psoriasisarthritis** (Schuppenflechten-Arthritis) ähnelt der chronischen Polyarthritis, ist jedoch meist von einer Schuppenflechte (Psoriasis) begleitet. Die Gelenkkrankheit verläuft meist milder als die chronische Polyarthritis. Bei einem Teil der Erkrankungen tritt auch eine Kreuz-Darmbein-Gelenkentzündung auf. Zur Diagnose führt neben den Gelenkschwellungen – die im Gegensatz zur chronischen Polyarthritis auch an den Fingerendgelenken sitzen können – vor allem die Schuppenflechte. Manchmal ist sie an der Haut nur ganz geringfügig oder auch nur an den Nägeln vorhanden.*

SO KANN ARTHROSE BEHANDELT WERDEN

- Bei Gelenkschwellungen verschreibt der Arzt Medikamente (Antirheumatika).
- Nehmen Sie ab, wenn Sie Übergewicht haben.
- Tragen Sie Schuhe mit weichen Sohlen, um die Gelenke zu schonen.
- Lockern Sie die Muskulatur mit Wärme.
- Kräftigen Sie die Muskeln, um die Gelenke zu entlasten.

Diagnose Osteoporose

Um eine Osteoporose diagnostizieren zu können, muss eine Knochendichtemessung durchgeführt werden, da Röntgenbilder den Knochenschwund nur sehr unsicher und auch erst im fortgeschrittenen Stadium darstellen.

Erst im Spätstadium, wenn die Knochen bereits deutlich abgebaut sind, ist die Röntgendarstellung eindeutig. Die Knochendichte wird meist mit DXA (Dual-Energy-X-ray-Absorptiometrie) oder mit einer speziellen Computertomographie (Quantitative Computertomographie, QCT) gemessen.

Bei Kontrolluntersuchungen muss stets die gleiche Methode angewandt werden. Zunehmend führen Ärzte auch Ultraschalluntersuchungen durch, um ein erhöhtes Knochenbruchrisiko zu entdecken.

Zu den rheumatischen Bindegewebserkrankungen gehört der Systemische ***Lupus*** *erythematodes (SLE), für den eine schmetterlingsförmige Gesichtsröte und andere Hauterscheinungen typisch sind. Problematisch ist der Befall der Nieren und anderer innerer Organe. Der Gelenkbefall dagegen führt nur selten zu bleibenden Schäden. Die Diagnose wird durch den Nachweis von bestimmten Antikörpern im Blut bestätigt. Antikörper sind Abwehrstoffe des Immunsystems, die sich gegen körperfremdes Material richten. Bei den so genannten Autoimmunerkrankungen, zu denen SLE zählt, richtet sich die Körperabwehr gegen den eigenen Körper.*

OSTEOPOROSE: RISIKOFAKTOREN UND VORBEUGUNG

Es gibt Risikofaktoren für eine Erkrankung, die Sie nicht beeinflussen können. Dazu gehören:

- Osteoporose bei den Eltern
- Mangelernährung in Kindheit und Jugend
- Rheumaerkrankungen (entzündliche)
- Langzeiteinnahme von Kortison

Daneben gibt es jedoch Risiken, die Sie meiden können:

- Fehlende Hormonbehandlung nach einer Eierstockentfernung vor der Menopause.
- Rauchen
- Hoher Alkoholkonsum
- Bewegungsmangel
- Falsche Ernährung

Daran sehen Sie bereits, wie Sie vorbeugen können:

- Regelmäßige Bewegung ist das A und O.
- Dazu kommt eine kalziumreiche und phosphatarme Ernährung.

Wichtige Ursachen von Rheuma

Rheuma kann die unterschiedlichsten Ursachen haben. Mangelnde Bewegung spielt eine Rolle, die Ernährung ebenfalls. Unsere Gene haben allerdings auch einen Anteil an der Entstehung der Erkrankung, ebenso - wenn auch in geringem Maß - klimatische Einflüsse.
In diesem Kapitel lesen Sie, was es mit den einzelnen Ursachen auf sich hat.

Mangelnde Bewegung

Bewegung ist Leben – das gilt in besonderem Maße für die Gelenke. Der Gelenkknorpel wird nämlich nicht wie andere Organe durch Blutgefäße versorgt, die Nährstoffe und Sauerstoff herbeitransportieren und Kohlendioxid und Abbaustoffe wegschaffen. Stattdessen führt die Gelenkflüssigkeit diesen Stoffumsatz durch; der Austausch zum Knorpel geschieht durch Druck und Entlastung. Übertrieben dargestellt wird der Knorpel – zum Beispiel am Knie – bei jedem Schritt wie ein Schwamm ausgepresst. In der Entlastungsphase saugt er sich wieder mit Gelenkflüssigkeit und damit mit neuen Nährstoffen voll.

Wie wichtig Bewegung für Muskulatur und Knochen ist, weiß jeder, der schon einmal einen Arm oder ein Bein in einem Gipsverband ruhig gestellt hatte. Nicht nur der Muskel, auch der Knochen hat an Substanz eingebüßt, nur ist das nicht so leicht zu erkennen.

Dass sich die Menschen in den westlichen Gesellschaften meist nur wenig bewegen, ist allgemein bekannt. Was jedoch in einer kürzlich veröffentlichten Untersuchung zu lesen war, ist erschreckend: Kinder in Kenia laufen etwa 70 bis 80 Kilometer pro Woche, Kinder in Deutschland dagegen durchschnittlich nur 1200 Meter pro Woche. Dieser Bewegungsmangel hat nicht nur Auswirkungen auf die Fitness des Gesamtorganismus, sondern auch auf die Qualität der Bewegungsorgane und insbesondere der Knochen. Knochen bauen sich nämlich nur bis zum dritten Lebensjahrzehnt auf, und mit eben diesem Knochenvorrat müssen wir den Abbau ab etwa dem 50. Lebensjahr durchstehen.

Mangelnde Bewegung wirkt sich jedoch nicht nur auf die Substanz und Qualität der Knochen negativ aus, sondern auch auf die Koordination. Wer sich ausreichend bewegt, hält damit zugleich seinen Gleichgewichtssinn, die Sicherheit beim Gehen sowie das Zusammenspiel der verschiedenen Gelenkteile in Ordnung.

*Vor **Muskel- und Weichteilrheumatismus** (Nackenschmerzen, Schmerzen in der Schulter gehören z. B. dazu) bleibt kein Mensch sein Leben lang verschont. Dabei tritt keine Entzündung im Gewebe auf und die Blutuntersuchung ist unauffällig. Im Vordergrund steht der Schmerz. Die Muskulatur ist verspannt oder verhärtet, das Zusammenspiel zwischen Muskeln und Sehnen gestört. Gelenke sind nicht betroffen, auch wenn der Schmerz in Gelenknähe sitzt, wie zum Beispiel beim Tennisellbogen. Die Beschwerden des Weichteilrheumatismus sind oft langwierig.*

Überlastung und Übergewicht

Wer an Rückenschmerzen denkt, denkt häufig zuerst an einen ***Bandscheibenvorfall****, der zu den rheumatischen Erkrankungen des Nervensystems gehört. Die Ursache der Beschwerden ist nicht der Vorfall selbst, sondern die damit verbundene Quetschung der Nervenwurzel. Diese lässt sich in der Regel gut an den typischen Nervenausfällen erkennen. Diese können sich in einer Schwäche bestimmter Muskeln zeigen, manchmal sogar in Lähmungen.*

So wichtig Bewegung – und zwar vernünftige Bewegung – für unsere Wirbelsäule und unsere Gelenke ist, so schädlich ist eine Überlastung dieser Körperteile. Gerade die Gewicht tragenden Gelenke werden durch Überlastung frühzeitig abgenutzt. Dafür gibt es zahlreiche Ursachen: Angeborene Gelenkabweichungen wie ein nicht optimal ausgeformtes Hüftgelenk, X-Beine oder ein Längenunterschied der Beine, aber auch nicht optimal zusammengewachsene Knochenbrüche oder Gelenkverletzungen.
Ähnliche Verschleißschäden können bei Verkrümmungen der Wirbelsäule auftreten. Darüber hinaus können auch körperliche Schwerstarbeit oder Übergewicht einen vorzeitigen Verschleiß an Gelenken und Wirbelsäule verursachen.
Einseitige Arbeiten wie Fließbandarbeit, Heimwerkerarbeiten, bei denen immer die gleichen Handgriffe ausgeführt werden, oder Schreibarbeiten, gelegentlich auch Sport mit wiederholten Bewegungsabläufen, können schließlich Sehnenreizungen verursachen. Bekanntestes Beispiel hierfür ist der Tennisellbogen.

Nicht zu schwer tragen ist wichtig, um eine Schädigung der Gelenke zu vermeiden.

Chronische Überforderung und Stress

Wir leben in einer Zeit der Widersprüche: Einerseits haben wir die kürzesten Arbeitszeiten der Menschheitsgeschichte und zumindest formell den höchsten Anteil an Freizeit. Andererseits haben wir immer häufiger »keine Zeit«.

Wir haben zwar Maschinen, Automaten und Roboter, die uns die stumpfsinnige und schwere Arbeit abnehmen – auf dem Feld, auf der Baustelle, unter Tage und in Fabriken –, doch trotzdem klagen immer mehr Menschen über belastende Arbeitsverhältnisse und Stress.

Woran liegt diese Entwicklung? Sind wir verweichlicht? Nein, es ist der moderne Lebensstil, unter dem wir leiden:

Die Arbeitszeit wurde zwar kürzer, die Arbeitsabläufe verdichten sich aber zunehmend und die Anforderungen an Konzentration und Verantwortung sind für den Einzelnen deutlich gestiegen. Für Pausen bei der Arbeit oder Gespräche mit Kollegen bleibt immer weniger Zeit.

Die Freizeit ist nur noch selten eine Zeit der Muße, eine Gelegenheit, sich auszuruhen, zu faulenzen und neue Kraft zu schöpfen. Auch hier stellen wir neue Anforderungen an uns und unsere Familie. Da besteht neuer Druck, »etwas zu unternehmen«, die Freizeit zu nutzen, wegzufahren oder Ähnliches.

Somit kommen immer mehr Menschen mit Muskelverspannungen, unklaren Gelenk- und Rückenschmerzen und den Symptomen eines Burnout (»Ausgebranntsein«) in die Arztpraxen.

Auch ein großer Teil der weichteilrheumatischen Beschwerden wird durch chronische Überforderung und Stress ausgelöst. Die geistige und seelische Anspannung führt nicht nur zu Verspannung im übertragenen Sinn, sondern oft auch zu einer Verspannung der Muskeln, die die Betroffenen schließlich gewaltsam zum Innehalten zwingen. Der Körper drückt aus, was die Seele als Belastung empfindet.

Zum Weichteilrheuma gehören auch ***Schleimbeutelentzündungen****, die zum Beispiel durch langes Knien oder durch an der Ferse drückende Schuhe verursacht werden können. Dabei kann die örtliche Reizung auch zu lokalen Entzündungszeichen wie Rötung und Überwärmung führen. In diesen Fällen ist Kühlung und/oder ein Antirheumatikum in Gelform angeraten.*

Alarmzeichen erkennen

Viele Menschen sind heute der Meinung, dass seelische Regungen und Gefühle eine Schwäche darstellen oder gar krankhaft sind. Sie befürchten, ein »Fall für den Psychiater« zu sein, wenn der Arzt für die Beschwerden keinen ausreichenden körperlichen Grund findet.

*Unter **Fibromyalgie** versteht man ein sehr ausgedehntes weichteilrheumatisches Krankheitsbild, das immerhin zwei bis drei Prozent aller Frauen befällt. Häufig geht das Fibromyalgie-Syndrom vom Rücken aus. Die Beschwerden können in den Hinterkopf, in Arme und Beine, aber auch in die Brustbein-Region und die Kiefermuskulatur ausstrahlen. Die Ursache der Fibromyalgie ist unklar. Körperliche und seelische Überlastungen können eine Rolle spielen, aber auch psychische Ursachen wie Kränkungen, Entbehrungen oder Belastungen, die bis in die Kindheit reichen.*

Ich versuche, meinen Patienten dies folgendermaßen zu erklären: Körper, Seele und Geist stehen beim gesunden wie beim kranken Menschen immer in Kontakt. Wenn Körper und Seele getrennt sind, ist der Mensch tot oder zumindest sehr schwer krank. Wenn jemand, der einen Verlust erlitten hat oder starke Schmerzen hat oder gekränkt wurde, traurig ist, dann ist das eine ganz normale Reaktion. Krankhaft wäre, wenn er nicht traurig wäre, wenn er den Verlust oder die quälenden Schmerzen nicht fühlen würde. Doch in den Jahrzehnten der technischen Fortschritte der Medizin ist vielen Ärzten wie Kranken das Gefühl für die Seele verloren gegangen.

Streng genommen ist jede Erkrankung in ihren Auswirkungen »psychosomatisch«. Der schwer depressive Kranke geht – wie schon der Volksmund sagt – gramgebeugt: Die Seele wirkt auf den Körper. Und der junge Mann, der sich das Bein gebrochen hat und nicht Fußball spielen kann, ist enttäuscht und traurig: Hier wirkt der Körper auf die Seele.

URSACHEN VON RHEUMA IM ÜBERBLICK

- Bewegungsmangel
- Überlastung von Gelenken, Muskeln, Sehnen (Übergewicht)
- Überforderung im Alltagsleben (Stress)
- Störungen im Immunsystem
- Vererbung
- Infektionen
- Klimatische Einflüsse

Immunologische Störungen

Bei den entzündlich-rheumatischen Erkrankungen gehen die krank machenden Abläufe vom Immunsystem aus, das in diesen Fällen überreagiert. Zunächst wird ein Fehlalarm ausgelöst, der meldet, dass ein »Fremdkörper« in den Körper eingedrungen ist. Durch diese Meldung wird das gesamte Abwehrsystem aktiviert. Ein komplizierter Mechanismus stößt eine Kettenreaktion von Botenstoffen an, die wiederum die Entzündungsreaktion auslösen. Daraufhin wandern aus den Blutgefäßen Immunzellen in die Gelenkinnenhaut (Synovialis) ein. Als Folge wandelt sich die Gelenkinnenhaut in Entzündungsgewebe um. Andere Immunzellen setzen Knorpel abbauende Enzyme frei, und der Angriff auf das Gelenk geht weiter. Bei einigen Rheumaerkrankungen finden diese Attacken auch an anderen Organen statt: So kann sich zum Beispiel am Herzbeutel eine Entzündung ausbilden, aber auch am Auge oder an den Nieren.

Obwohl immer wieder Viren oder Bruchteile von Bakterien verdächtigt wurden, die Störung im Immunsystem auszulösen, sind bei den meisten entzündlichen Rheumaerkrankungen die Urheber der Krankheit unbekannt. Nur bei wenigen Gelenkentzündungen kennen wir die Täter: Hier treten vor Ausbruch der Gelenkerkrankung bakterielle Infekte im Darm, in den Harnwegen oder an den Geschlechtsorganen auf, die wie bei jedem Infekt das Immunsystem aktivieren. Wenn der Infekt abgeklungen ist, beruhigt sich das Immunsystem jedoch nicht, sondern stürzt sich auf ein oder mehrere Gelenke und löst dort die Entzündungsreaktion aus. Im Gelenk selbst treten hierbei keine Krankheitserreger auf.

Da bei den meisten Menschen nach Darminfektionen jedoch keine Gelenkentzündungen auftreten, vermuten die Fachleute, dass eine zusätzliche ererbte Bereitschaft vorhanden sein muss, damit eine entzündlich-rheumatische Erkrankung ausbricht.

***Reaktive Arthritis** ist eine meist akut und nicht chronisch verlaufende Form des entzündlichen Rheumas. Sie tritt nach Infekten auf, die eine Durchfallerkrankung oder eine Entzündung der Harnwege oder der Geschlechtsorgane verursacht haben. Wenn die Gelenkentzündung auftritt, ist der Infekt meist schon abgeklungen. Auch später reagieren die Betroffenen nach einem ähnlichen Infekt häufig mit einer Arthritis einzelner Gelenke. Es können auch Hauterscheinungen und Augenentzündungen auftreten. Die Behandlung erfolgt meist durch kortisonfreie Antirheumatika und Kälte.*

Vererbung

Gemeinsame Merkmale der Gruppe der seronegativen Spondyloarthritiden (Morbus Bechterew, Schuppenflechten-Arthritis, Arthritis bei entzündlichen Darmerkrankungen, reaktive Arthritis), bei denen man eine vererbte Veranlagung für die Krankheit vermutet, sind:

- *Regenbogenhautentzündung am Auge*
- *Hautbefall, zum Beispiel Schuppenflechte*
- *Darm-, Harnwegs- und Genital-Entzündungen*
- *Kreuz-Darmbein-Entzündungen (Sakroiliitis)*
- *Wirbelsäulenentzündungen*
- *Familiäre Häufung*
- *Häufiger Nachweis des Gewebsantigens HLA-B 27*

Während man bei den meisten entzündlich-rheumatischen Erkrankungen eine ererbte Bereitschaft für die Erkrankung vermutet, aber dennoch keine wesentliche familiäre Häufung findet, sieht dies beim Morbus Bechterew und mit ihm verwandten Erkrankungen anders aus. Diese Gruppe rheumatischer Krankheiten ist mit dem Gewebs-Antigen HLA-B 27 verbunden, das heißt, man findet dieses Merkmal bei den Erkrankten deutlich häufiger als in der Durchschnittsbevölkerung.

HÄUFIGKEIT DES AUFTRETENS VON HLA-B 27	
Morbus Bechterew	95 %
Reaktive Arthritis	80 %
Schuppenflechten-Arthritis (ohne Wirbelsäulenbefall)	15 %
Durchschnittsbevölkerung	7 %

Bei den Arthrosen gibt es ebenfalls erbliche Belastungen. In einigen Gegenden Deutschlands ist vermehrt eine schwach ausgebildete Hüftpfanne zu finden und damit das Risiko, frühzeitig eine Hüftarthrose zu entwickeln. Bei der Fingerpolyarthrose, die bei einem erheblichen Anteil älterer Menschen auftritt, spielt ebenfalls eine familiäre Häufung eine Rolle. Die genetische Verteilung zeigt auch bei einzelnen Völkern eine unterschiedliche Krankheitshäufung. So findet sich die chronische Polyarthritis relativ häufig in Skandinavien, in den Mittelmeerländern dagegen wesentlich seltener. Die Bechterewsche Erkrankung tritt bei einigen Indianerstämmen sehr viel öfter auf als bei uns, während die Eskimos fast nie daran erkranken. Auch Stoffwechselerkrankungen können familiär gehäuft auftreten, wie man dies von der Harnsäureerhöhung (Hyperurikämie) und somit auch von der Gicht weiß.

Infektionen

Im Gegensatz zu den reaktiven Arthritis-Formen, bei denen ein schon überstandener Infekt, der nicht im Gelenk aufgetreten war, das Immunsystem in Fahrt gebracht hat, gibt es auch eine eitrige Arthritis. Diese kann durch offene Wunden oder Verletzungen des Gelenkes verursacht werden oder auch von einer entfernten bakteriellen Entzündung über das Blut in ein Gelenk eingeschleppt werden.

*Die **Arthritis des Kinder- und Jugendalters,** die vor dem 16. Lebensjahr beginnt, tritt bei einem von 1000 Kindern pro Jahr auf. Hier sind häufig Infekte die Ursache. Bei 20 Prozent der betroffenen Kinder wird die rheumatische Erkrankung chronisch. Sie ähnelt dann entweder der chronischen Polyarthritis oder der Bechterewschen Erkrankung.*

Ist das Wetter schuld?

Jahrhunderte lang wurden ungünstige Witterungsverhältnisse wie Nässe, Kälte, Wind und Zugluft für rheumatische Erkrankungen verantwortlich gemacht. Und tatsächlich können Kälte und Zugluft Muskelverspannungen auslösen, wie zum Beispiel ein steifes Genick. Heute wissen wir jedoch, dass über Muskelverspannungen hinaus keine rheumatischen Erkrankungen durch diese Unbilden der Natur verursacht werden können.

Wir wissen allerdings auch, dass sich warmes und trockenes Klima und eine stabile Wetterlage positiv auf die meisten rheumatischen Erkrankungen unterschiedlicher Art auswirken.

Ein warmes Klima wirkt sich bei den meisten Rheumaerkrankungen positiv aus.

Aktivprogramm gegen Rheuma

Wenn Sie aktiv gegen eine Rheuma-Erkrankung angehen wollen, müssen Sie wahrscheinlich Ihren Lebensstil ein wenig umstellen. Die Ernährung spielt eine wichtige Rolle bei der Linderung von Rheuma-Symptomen. Mit ausreichender Bewegung können Sie ebenfalls erfolgreich zur Steigerung Ihres Wohlbefindens beitragen. Hilfsmittel machen es Ihnen leichter, im Alltag zurechtzukommen.

Ernährung

Die Behandlung rheumatischer Erkrankungen durch Änderung der Ernährung ist fast so alt wie die Geschichte der Menschheit. Im klassischen Griechenland verstand man allerdings unter »Diät« nicht nur eine Umstellung der Essgewohnheiten, sondern der gesamten Lebensweise. Im bewussten Umgang mit dem Körper, dem Geist und der Seele sollte eine innere Ordnung im Sinne von Gesundheit wieder hergestellt werden.

Schon vor Jahrhunderten bemerkten Patienten mit entzündlichem Rheuma, dass es ihnen nach einigen Tagen Fasten und bei fleischarmer Kost besser ging.

Omega-3-Fettsäuren wirken entzündungshemmend. Zur Unterstützung bei der Heilung von arthritischen Erkrankungen wird deshalb eine Ernährung mit viel Seefisch und Pflanzenölen wie Raps-, Soja-, Weizenkeim- und Walnussöl empfohlen, die diese Fettsäure enthalten.

In der mittelalterlichen Vorstellungswelt dachte man damals an eine »Entschlackung« des Körpers, also an eine Befreiung von Giftstoffen, und unterstützte auf Grund dieser Theorie das Fasten mit Einläufen und Aderlässen.

Heute lässt sich diese Besserung wissenschaftlich erklären: Nur durch tierisches Eiweiß erhält der Körper Arachidonsäure, die er unter anderem zum Aufbau von Entzündungsfaktoren benötigt. Beim Fasten und auch bei vegetarischer Ernährung steht dem Körper nur die Arachidonsäure zur Verfügung, die er selbst erzeugt. Die Entzündung geht also zurück.

Auch auf einem zweiten Weg kann der Aufbau von Entzündungsfaktoren gehemmt werden, nämlich durch die Zufuhr von so genannten Omega-3-Fettsäuren, die in Fischen aus kalten Meeren besonders konzentriert vorkommen. Auch in Soja-, Raps-, Weizenkeim- und Walnussöl sind diese Omega-3-Fettsäuren enthalten. Sie verdrängen die Arachidonsäure und helfen so gegen Rheuma.

Die positive Wirkung dieser Diät wurde in verschiedenen seriösen Studien eindeutig nachgewiesen. Allein reicht sie jedoch nicht für eine Bekämpfung der Arthritis aus, sie kann jedoch sinnvoll als zusätzlicher Faktor eingesetzt werden.

Der Verzicht auf tierische Fette und die Verwendung von Ölen mit reichlich ungesättigten Fettsäuren tut nicht nur Rheumakranken gut.

Worauf Sie generell achten sollten

Viele Patienten mit entzündlichen Gelenkerkrankungen leiden an Untergewicht und sollten auf eine ausreichende und ausgewogene Nährstoffversorgung achten, besonders auf eine erhöhte Zufuhr von Vitaminen und Mineralstoffen.

Wer diese Erkenntnisse im Alltag praktisch anwenden will, sollte nur ein- bis zweimal pro Woche Fleisch essen und sich auch bei Wurst, Eigelb, fettem Käse und Butter zurückhalten. Reichern Sie stattdessen Ihren Speiseplan durch zwei Seefischmahlzeiten pro Woche an. Auf eine vegetarische Ernährung sollten Sie allerdings lieber verzichten, da sie das Risiko einer zu geringen Zufuhr von Kalzium, Eisen und vermutlich auch Eiweiß birgt. Da Patienten mit entzündlichen Gelenkerkrankungen eher zu Unterernährung neigen und mehr Vitamine und Mineralien als gesunde Menschen benötigen, sollten Sie auch keine Fastenkuren machen. Auf die zusätzliche Zufuhr von Vitaminen und Mineralien werden wir später noch näher eingehen (→ Seite 31).

Wenn der Darm Probleme macht

Bei einigen entzündlich-rheumatischen Erkrankungen, vermutlich dem Morbus Bechterew, und bei Gelenkentzündungen im Anschluss an Darminfekte, ist der Darm mitverantwortlich für die Erkrankung. Da er den Körper auch gegen körperfremdes Eiweiß schützt, treten Probleme auf, wenn diese natürliche Grenze bei Darminfekten oder Abwehrstörungen im Verdauungstrakt undicht wird. So können Nahrungsmittelallergien entstehen, die ebenfalls rheumatische Beschwerden verursachen.

DIÄT-EMPFEHLUNG BEI ENTZÜNDLICHEN GELENKERKRANKUNGEN

- Ernährung auf Speiseöle umstellen, die reichlich Omega-3-Fettsäuren enthalten.
- Fleischmahlzeiten reduzieren (zum Beispiel zweimal wöchentlich), nach Möglichkeit Tiere bevorzugen, die sich weitgehend vegetarisch ernähren (Huhn, Rind).
- Zwei Fischmahlzeiten pro Woche einplanen
- Viel Obst, Gemüse, Salate essen
- Einen halben Liter Milch (1,5 % Fett) pro Tag trinken
- Zuckerkonsum reduzieren
- Wenig Alkohol trinken
- Bewegung an frischer Luft (Vitamin D)
- Eventuell Vitamine und Spurenelemente zusetzen

Übergewicht begünstigt das Auftreten von Verschleißerkrankungen an Wirbelsäule, Hüfte und Kniegelenken. Eine Normalisierung des Gewichts und eine Kräftigung der stützenden Muskulatur kann verhindern, dass sich bereits aufgetretene Schäden verschlimmern.

Übergewicht reduzieren

Übergewichtige Patienten, die unter einem Verschleiß der gewichtstragenden Gelenke leiden und bei denen die Gefahr einer Arthrose an Füßen, Knien und Hüften besteht, sollten dringend ihr Gewicht reduzieren.

Dies gilt auch bei Problemen mit der Wirbelsäule, insbesondere der Lendenwirbelsäule, die bei Übergewicht häufig ein Hohlkreuz entwickelt.

BMI – das sollten Sie wissen

Das Normalgewicht wird heute über den Body Mass Index (BMI) ausgedrückt, der sich aus der folgenden Formel errechnen lässt:

Körpergewicht (kg) : Körperlänge^2 (m^2).

Ein Ess-Tagebuch hilft bei der Ernährungsumstellung. Schreiben Sie alles auf, was Sie essen, und überlegen Sie sich nach zwei Wochen, worauf Sie am leichtesten verzichten können und wann Sie am meisten Hunger haben. Oft hilft beim Abnehmen, wenn Sie Ihre Mahlzeiten an Ihren persönlichen Rhythmus anpassen.

Ein zwei Meter großer, 100 Kilogramm schwerer Mann hätte also einen BMI von 25.

NORMWERTE FÜR DEN BMI	
Untergewicht	BMI < 18,5
Normbereich	18,5–25
Übergewicht	25–30
Adipositas	BMI > 30

Wer sein Übergewicht langfristig bekämpfen will, sollte seine Essgewohnheiten umstellen – das ist wichtiger als ein schneller Gewichtsverlust.

DIÄT-EMPFEHLUNG BEI VERSCHLEISSERKRANKUNGEN UND BEI WEICHTEILRHEUMA

- Einfach und mehrfach ungesättigte Speiseöle an Stelle von Bratfett verwenden
- Fleischmahlzeiten reduzieren
- Viel Obst, Gemüse und Salate essen
- Einen halben Liter Milch (1,5 % Fett) pro Tag trinken
- Reduktion von Zucker, nach Möglichkeit auch von Süßstoff
- Wenig Alkohol konsumieren
- Bewegung an frischer Luft (Vitamin D)
- Eventuell Vitamine und Spurenelemente zusetzen
- Bei Übergewicht: Butter und auch Margarine meiden, wenig Wurst, kein fetter Käse

Purine und Gicht

Die richtige Ernährung ist vor allem bei Gicht sehr wichtig. Die Ursache ist hier immer zu viel Harnsäure im Blut. Diese Harnsäure bildet der Körper zum Teil aus dem Stoff Purin, der aus dem ständigen Zellumbau anfällt.

Zu einem anderen Teil werden Purine aber auch als Zellbestandteile mit der Nahrung aufgenommen und dann ebenfalls in Harnsäure umgebaut, damit sie in dieser Form ausgeschieden werden können. Eine dritte Möglichkeit, wie es zu einem »Zuviel« an Harnsäure kommen kann, ist eine verminderte Nierenfunktion. Nur bei der zweiten Möglichkeit können wir mit einer Diät regulierend eingreifen.

PURINGEHALT AUSGEWÄHLTER LEBENSMITTEL			
Harnsäure in Milligramm pro 100 Gramm Lebensmittel			
Äpfel	7	Rindsfilet	130
Erbsen	145	Schinken geräuchert	70
Gurken	6	Schweinekotelett	118
Kartoffeln	5	Wiener Würstchen	110
Linsen	185	Makrele	95
Spinat	70	Ölsardinen	560
Tomaten	10	Seelachs	110
Tofu	68	Thunfisch in Öl	290
Marmelade	0	Nudeln	38
Erdnüsse	100	Reis	0
Butter	0	Mischbrot	38
Öl	0	Weißbrot	15
Milchprodukte	0	Bier	10
Ei	1	Cola	10
Fleischextrakt	3500	Kaffee, Tee	0
Leber	336	Orangensaft	10

Bier enthält Purine, auch alkoholfreies Bier! Wenn Sie nicht ganz auf Alkohol verzichten mögen, trinken Sie lieber ein Glas Rotwein. Darin sind schützende Antioxidantien enthalten.

Was Sie gegen Gicht tun können

Leider enthalten auch die sonst so gesunden Hülsenfrüchte wie Linsen, Erbsen und Bohnen reichlich Purine. Für Gichtkranke sind damit leider leckere Linsensuppen und Bohnengerichte tabu!

Vorbeugend sollten Sie bei erhöhter Harnsäure Lebensmittel mit hohem Puringehalt – insbesondere Fleisch und Innereien sowie Hülsenfrüchte – meiden, aber auch Alkohol, denn er hemmt die Harnsäureausscheidung. Insgesamt sollten Sie bei erhöhter Harnsäure pro Tag nicht mehr als 500 Milligramm, bei Gichtanfällen nicht mehr als 300 Milligramm Purine bzw. Harnsäure aufnehmen.

Weiterhin empfiehlt es sich, reichlich Flüssigkeit, zum Beispiel Mineralwasser oder Kräutertee, zu trinken. Nach neuesten Erkenntnissen wirken auch Milchprodukte einer Harnsäureerhöhung und damit der Gicht entgegen.

DIE WICHTIGSTEN ERNÄHRUNGSREGELN BEI GICHT

- Verzicht auf Innereien
- Verzicht auf die Haut von Geflügel, Schwein und Fisch
- Verzehr von höchstens viermal Fleisch pro Woche
- Nutzung von Ei und Milch als purinarme Eiweißquellen
- Reichlich Flüssigkeit
- Wenig Alkohol
- Bekämpfung von Übergewicht

Kalziumreiche Ernährung bei Osteoporose

Wie die Gicht ist auch die Osteoporose die Folge einer Stoffwechselstörung – diesmal der Kalziumaufnahme –, die zum übermäßigen Abbau von Knochenmasse führt. Durch gezielte Ernährung können Sie Ihrem Körper mehr Kalzium zuführen und seine Aufnahme durch den Verdauungstrakt und den Einbau in die Knochen intensivieren.

Neben der erhöhten Zufuhr von Kalziumsalzen spielt hier auch die ausreichende Versorgung mit Vitamin D eine entscheidende Rolle (→ Seite 33).

VORSICHT BEI COLA!

Einen deutlich negativen Einfluss auf unseren Kalziumhaushalt haben colahaltige Getränke, denn die im Getränk enthaltene Phosphorsäure bindet Kalzium im Darm und verhindert so die Aufnahme des Minerals.

Eine große Studie ergab, dass Frauen nach zwei bis drei Colagetränken pro Tag eine zwei bis fünf Prozent niedrigere Knochendichte aufwiesen als Frauen, die weniger als eine Cola pro Tag konsumierten. Bei Männern ließ sich diese Wirkung nicht beobachten.

KALZIUMGEHALT WICHTIGER LEBENSMITTEL

300 Milligramm Kalzium sind enthalten in:

- 250 Milliliter Milch oder Buttermilch
- 250 Gramm Jogurt oder Kefir
- 300 Gramm Quark oder Fruchtjogurt

200 Milligramm Kalzium sind enthalten in:

- 50 Gramm Brie (50 % Fett)
- 35 Gramm Camembert (30 % Fett) oder
- 25 Gramm Edamer oder Tilsiter (30 % Fett)
- 20 Gramm Gouda (30 % Fett) oder Emmentaler (45 % Fett)
- 15 Gramm Parmesan (35 % Fett)
- 300 Gramm Porree oder Kohlrabi
- 200 Gramm Brokkoli
- 125 Gramm Grünkohl
- 25 Gramm Sesamsamen

500 Milligramm Kalzium pro Liter sind in einigen Mineralwässern enthalten, zum Beispiel in:

- Bad Windsheimer Residenz-Quelle
- Schönthal-Quelle
- Marco Mineralquelle
- Rohrauer Sprudel

Lesen Sie das Etikett Ihres Mineralwassers. Meist finden Sie darauf eine Auflistung der Mineralien und die Angabe der enthaltenen Milligramm pro Liter. Kalzium ist verzeichnet als Ca oder Ca^{++} oder Ca^{2+}.

Essen wie am Mittelmeer

Bei allen rheumatischen Erkrankungen ist eine ausgewogene und gesunde Kost, wie sie zum Beispiel die Deutsche Gesellschaft für Ernährung (DGE) vorschlägt, sinnvoll. Auch die traditionelle Kost in den Mittelmeerländern ist zu empfehlen. In einer kalorienreduzierten Variante hilft diese Ernährung auch gegen Übergewicht. Der Schwerpunkt liegt auf pflanzlichen, möglichst wenig industriell bearbeiteten Produkten, und der Anteil an Fleisch, Wurst und Eiern ist deutlich reduziert.

Mittelmeerkost bedeutet viel Obst, Salat und Gemüse. Fleisch und Fisch kommt in eher kleinen Portionen auf den Tisch. Gekocht wird mit Olivenöl und nicht mit Schmalz, Butter oder Margarine.

Vollwerternährung legt großen Wert auf Vollkornprodukte und ist reich an Ballaststoffen, die in modernen Nahrungsmitteln meist nur noch zu einem geringen Teil vorhanden sind.

Die Mittelmeerkost (mediterrane Kost) basiert auf Gemüse, Salat und Obst. Statt tierischer Fette werden (Oliven-)Öle verwendet. Die Mahlzeiten sind fleischarm, häufig wird Fisch bevorzugt. In großen Untersuchungen wurde nachgewiesen, dass sich diese Art der Ernährung positiv auf Herz und Gefäße auswirkt und möglicherweise sogar das Auftreten einiger Tumoren verringert.

Essen wie im Urlaub am Mittelmeer hält Sie auch zu Hause fit und gesund, solange Sie es bei einem Gläschen Rotwein am Tag belassen!

Vitamine, Mineralien und Spurenelemente

Im Vordergrund der Ernährung sollte die Zufuhr von Vitaminen, Spurenelementen und Mineralstoffen stehen, insbesondere durch Obst, Salate und frisches Gemüse.
Gerade bei entzündlichem Rheuma kann dies jedoch möglicherweise nicht ausreichen. Dann muss die Ernährung nach Rücksprache mit dem Arzt ergänzt werden.
Außerdem bestehen manchmal Unverträglichkeiten oder andere Probleme, die eine natürliche Aufnahme verhindern.

Vitamin A

Vitamin A (Retinol) ist ein fettlösliches Vitamin, das vor allem für die Augen wichtig ist. Auch im Immunsystem und bei der Hautbildung spielt es eine Rolle. Zusätzlich kann Vitamin A Sauerstoffradikale abfangen und auf diese Weise schädlichen Prozessen entgegenwirken. Ein Mangel zeigt sich zuerst durch Auftreten von Nachtblindheit.
Unser Körper kann Vitamin A aus dem gelben Farbstoff Carotin bilden, außerdem ist es ausreichend in Fisch, Leber, Eigelb und Milchprodukten enthalten. Eine Überdosis ist jedoch schädlich, vor allem bei Rauchern.
Empfohlene Tagesdosis:

- 1 Milligramm/Tag für Gesunde
- 1 Milligramm/Tag bei entzündlichem Rheuma

Gerade bei entzündlichem Rheuma sind Sie unter Umständen nicht ausreichend mit wichtigen Vitaminen und Mineralstoffen versorgt. Sprechen Sie mit Ihrem Arzt darüber, ob Ihnen zusätzliche Gaben in Tabletten- oder Pulverform vielleicht helfen können.

Vitamin B1

Vitamin B1 (Thiamin) ist vor allem für den Kohlenhydratstoffwechsel von großer Bedeutung. In Ostasien kommt bei überwiegender Ernährung mit geschältem Reis häufig ein B1-Mangel (Beriberi) vor, der zu Nervenerkrankungen und Herzschwäche führt. In unseren Breiten ist jedoch nicht mit Mangelerscheinungen zu rechnen. Vitamin B1 findet sich vor allem in Vollkornprodukten.

Vitamin B6

Vitamin B6 (Pyridoxin) hat größte Bedeutung für die Haut und das Nervensystem. Ein Mangel ist relativ selten, denn das Vitamin kommt reichlich in Leber, Gemüse, Vollkorngetreide, Nüssen und Bananen vor.
Eine Überdosierung kann zu Beschwerden an den Nervenbahnen (Polyneuropathie) führen.

Vorsicht bei einer zu hohen Dosierung von Vitamin C über einen langen Zeitraum hinweg! Hohe Vitamin-C-Gaben können zu Nierensteinen führen.

Vitamin C

Ein Mangel an Vitamin C (Ascorbinsäure) trat in vergangenen Zeiten recht häufig auf und verursachte – im Extremfall, zum Beispiel auf langen Schiffsreisen – Skorbut. Ursache war die Unterversorgung mit frischem Gemüse und Obst.
Folgen sind Blutungen des Zahnfleisches, der Muskulatur und der inneren Organe, die durch eine unzureichende Vernetzung des Bindegewebes entstehen. Heutzutage tritt ein Vitamin-C-Mangel nur noch gelegentlich bei alten Menschen auf.
Empfohlene Tagesdosis:

- 100 Milligramm/Tag für Gesunde
- 200–250 Milligramm/Tag bei entzündlichem Rheuma

Eine weitere Erhöhung der Tagesdosis ist nicht sinnvoll, da der Körper den Überschuss ausscheidet. Außerdem können bei entsprechender Veranlagung Nierensteine auftreten, wenn dem Körper zu viel Vitamin C zugeführt wird.

Eine normale Tagesdosis von 100 mg Vitamin C ist enthalten in:

- 150 g frischen Erdbeeren
- 140 g frischen Kiwi
- 200 g frischen Orangen
- 165 g frisch gegartem Brokkoli
- 160 g frischem Kohlrabi
- 70 g frischem Paprika

Vitamin D

Vitamin D fördert den Kalziumeinbau in die Knochen und hemmt gleichzeitig den Knochenabbau. In der zweiten Lebenshälfte können in unseren Breiten 500 IE (Internationale Einheiten) Kalzium täglich genommen werden, bei regelmäßiger Kortisoneinnahme oder Osteoporose auch 1000 IE.

Vitamine wirken gegen die so genannten freien Radikale. Freie Radikale entstehen als Abfallprodukt des Zellstoffwechsels, wenn Körperzellen die aufgenommene Nahrung und Sauerstoff in Energie umwandeln. Dieser »Abfall« wird umso größer, je mehr die der Zelle zugeführte Nahrung mit für sie nicht verwertbaren Substanzen versetzt ist. Das sind zum Beispiel chemische Zusätze oder Giftstoffe wie Alkohol und Nikotin.

Vitamin E

Vitamin E (Tocopherol) dient vor allem dem Schutz der Zellwände. Da Vitamin E in vielen Lebensmitteln vorkommt, ist normalerweise kein Mangel zu befürchten. Auch unter höheren Dosen kommt es zu keiner Vergiftung und so wird Vitamin E auf Grund seiner schmerzlindernden Eigenschaften gerne zusätzlich eingenommen. In der Natur kommt Vitamin E relativ hoch konzentriert in Pflanzenölen, aber auch in Gemüsen wie Schwarzwurzeln, Grünkohl und Paprika vor.

Empfohlene Tagesdosis:

- 12 Milligramm/Tag für Gesunde
- 100–200 Milligramm/Tag bei nicht entzündlichem Rheuma
- 200–600 Milligramm/Tag bei entzündlichem Rheuma

Obst und Gemüse sollten nach der Ernte möglichst schnell in die Küche kommen. Dann enthalten sie die meisten Vitamine und Spurenelemente.

Eisen

Bei Patienten mit entzündlich-rheumatischen Erkrankungen ist der Eisengehalt im Blut bzw. der Blutfarbstoff zwar häufig als Folge der Entzündung erniedrigt, doch besteht kein Eisenmangel, da das Eisen in Körperspeichern geparkt ist. In diesem Fall wäre die zusätzliche Eiseneinnahme gefährlich, denn der Körper kann sich von einer Eisenüberladung nur durch Blutverluste wieder befreien. Sprechen Sie daher vor der Einnahme von Eisenpräparaten unbedingt mit Ihrem Arzt.

Folsäure

Arteriosklerose wird vor allem durch einen zu hohen Cholesterinspiegel im Blut verursacht. Überflüssiges Cholesterin lagert sich an den Wänden der Blutgefäße ab. Diese Ablagerungen verursachen Verengungen in den Blutbahnen. Das Blut muss nun mit weitaus mehr Druck durch die Adern gepumpt werden. Das sind die Arteriosklerose und der dadurch verursachte Bluthochdruck.

Folsäure spielt bei allen Zellteilungs- und Wachstumsvorgängen eine wichtige Rolle und ist deshalb lebenswichtig. Da Schleimhautzellen und Blutzellen besonders schnell erneuert werden, macht sich ein Folsäuremangel an diesen Zellen zuallererst bemerkbar. Nach neueren Forschungen kann ein Folsäuremangel auch die Arteriosklerose (Arterienverkalkung) begünstigen.
Um die Aktivität des Immunsystems zu bremsen, wird bei entzündlichem Rheuma mit Hilfe des Medikamentes MTX ein künstlicher Folsäuremangel hervorgerufen. Am Tag nach der (einmal wöchentlichen) Einnahme von MTX wird zur besseren Erholung der Zellen Folsäure gegeben. Folsäure findet sich in grünem Gemüse, Bohnen und Nüssen sowie in der Leber.

Kalzium

Die Kalziumzufuhr erfolgt in der Regel durch die Nahrung. Der Tagesbedarf wird zum großen Teil durch 1 Liter Milch oder 150 Milligramm Hartkäse (→ Tabelle auf Seite 29) gedeckt. Auch in anderen Milchprodukten (außer Butter) und in Blattgemüse ist viel Kalzium enthalten.
Ausreichend Bewegung ist zur Vorbeugung der Osteoporose von größter Wichtigkeit, da nur so gewährleistet werden kann, dass sich das Kalzium auch in die Knochen einbaut.

Bei schon bestehender Osteoporose bzw. Osteoporosegefahr kann der Kalziumbedarf besser durch zusätzliche Zufuhr von etwa 1000 Milligramm Kalzium/Tag gedeckt werden.
Empfohlene Tagesdosis:
- 1,3-1,8 Gramm/Tag bei entzündlichem Rheuma
- 1,3-1,8 Gramm/Tag bei Osteoporose

Selen

Das Spurenelement Selen spielt eine wichtige Rolle beim Wachstum und beim Muskelaufbau. Es gibt Hinweise, dass der Selenwert bei entzündlich-rheumatischen Erkrankungen erniedrigt ist. Deshalb empfiehlt es sich, die Tagesdosis zu erhöhen.
Empfohlene Tagesdosis:
- 100 Mikrogramm/Tag für Gesunde
- 200 Mikrogramm/Tag bei entzündlichem Rheuma

Selen ist ein Spurenelement, das besonders in unseren Entgiftungsorganen Leber und Nieren eine wichtige Rolle spielt, da es dort die Stoffwechselprozesse der Zellen aktiviert. Es gehört wie die Vitamine A, Betakarotin, C und D zu den so genannten Radikalenfängern, die die Zellen vor Stress durch Umwelteinflüsse schützen. Sein Einfluss auf die Zellen hilft mit zunehmendem Alter, da es den Immunschutz verstärkt. Da Selen außerdem in den Blutplättchen vorhanden ist, schützt es vor Thrombosen, indem es die Thrombozyten auf einem hohen Niveau hält.

Magnesium

Magnesium hilft gut bei nächtlichen Wadenkrämpfen, die viele Rheumakranke plagen. Es gibt Hinweise, dass sich Magnesium bei Stress und Herzbeschwerden positiv auswirkt. In der Natur kommt Magnesium in Vollkorngetreide und Gemüse vor.
Empfohlene Tagesdosis:
- 350 Milligramm/Tag
- Obergrenze: 750 Milligramm/Tag

Zink

Zink ist ein wichtiger Bestandteil vieler Enzyme. Bei Zinkmangel kommt es daher zu vielfältigen Störungen. Zink wird von Pflanzen aufgenommen und vor allem über Getreideprodukte dem Körper zugeführt.
Empfohlene Tagesdosis:
- 15 Milligramm/Tag für Gesunde
- 30 Milligramm/Tag bei entzündlichem Rheuma

Wer rastet, der rostet

Probieren Sie Angebote von Sportvereinen oder Fitness-Studios aus, gehen Sie zu einem Lauf- oder Walkingtreff, schließen Sie sich einer Radlertruppe in Ihrer Umgebung an. Sie werden sich wundern, wie viele Möglichkeiten es gibt, sich sportlich zu betätigen und Spaß dabei zu haben! Die meisten Gruppen oder Institutionen lassen Sie gern das Angebotene prüfen, bevor Sie sich entscheiden dabeizubleiben.

Der Mensch ist von Natur aus auf Bewegung eingerichtet und legte in der gesamten Menschheitsgeschichte – zumindest bis vor ganz kurzer Zeit – als Jäger und Sammler täglich große Strecken zurück, sonst wäre er verhungert. Auch wenn wir heute nicht mehr viel laufen müssen, sollten wir uns dennoch bemühen, den Körper in Bewegung zu halten. Ansonsten tritt als ganz natürliche Folge der Abbau von Knochen, Knorpeln und Muskelmasse ein (→ Seite 15, »Mangelnde Bewegung«). Außerdem macht uns Bewegungsmangel anfälliger für zahlreiche weitere Zivilisationskrankheiten.

BEWEGUNG SCHÜTZT VOR:

- Arthrose
- Bluthochdruck
- Depression
- Durchblutungsstörungen
- Fettstoffwechselstörungen
- Herz-Kreislauf-Erkrankungen
- Osteoporose
- Stressbelastung
- Übergewicht
- Zu niedrigem Blutdruck
- Zuckerkrankheit

Bewegung als Teil des Alltags

Körperliche Aktivität, Bewegung und Sport sollen Teil unseres täglichen Lebens sein, und zwar nicht nur dann, wenn nichts anderes auf dem Programm steht oder »wenn wir mal Zeit haben«. Sport sorgt nämlich dafür, dass Sie sich besser fühlen und den Alltag leichter meistern, weil Sie leistungsfähiger sind.

Bewegung an der frischen Luft macht den Kopf frei und hilft Ihnen, Körper und Seele in Einklang zu bringen.

Treiben Sie regelmäßig Sport, oder machen Sie Gymnastik - mit dem Partner, mit Freunden oder im Verein. Gerade am Anfang wird es Ihnen leichter fallen, sich regelmäßig zu bewegen, wenn Sie dabei Gesellschaft haben. Unter Sport verstehen wir in diesem Fall Bewegung im aeroben Bereich, bei der wir uns nicht bis zur Atemnot anstrengen (→ Marginalie Seite 38).

Beginnen Sie mit Bewegung im Alltag: Benutzen Sie Treppen statt Fahrstühle, Fahrrad statt Auto und die Füße, anstatt ein oder zwei Stationen mit dem Bus zu fahren.

Langsam anfangen

Nehmen Sie sich nicht gleich einen Marathonlauf vor, sondern fangen Sie langsam an. Dann können Sie sich allmählich - so wie Sie es für richtig halten - steigern. Wie wäre es mit zügigem Gehen, mit Walking? Oder versuchen Sie ein kleines Stück zu traben, das heißt nicht so schnell wie möglich, sondern gerade am Anfang so langsam wie möglich. Wird es Ihnen zu viel, dann gehen Sie dazwischen immer wieder ein Stück. Denken Sie daran: Es ist noch kein Meister vom Himmel gefallen.

Lassen Sie sich bei der Auswahl Ihres Bewegungsprogramms von Ihren persönlichen Vorlieben leiten. Wenn Sie lieber Fahrrad fahren, dann schwingen Sie sich aufs Rad, wenn Sie beim Gehen oder Walken unsicher sind, so nehmen Sie einen Stock.

Zwischen körperlicher Betätigung und einem ausgeglichenen Gemütszustand gibt es eine direkte Verbindung. Menschen, die regelmäßig Sport treiben, vornehmlich an der frischen Luft, sind - abgesehen von der körperlichen Fitness - auch psychisch weitaus stabiler. Die körperliche Betätigung bringt sämtliche Stoffwechselprozesse in Schwung. Dazu gehören neben den muskulären Anstrengungen auch Vorgänge in unseren Organen und unserem Gehirn.

Was bedeutet aerobes Training? Grundsätzlich besteht für die Muskelzelle die Möglichkeit, Energie mit Sauerstoff (aerob) oder ohne Sauerstoff (anaerob) zu gewinnen. Bei der aeroben Energiegewinnung steht den Mitochondrien – den »Kraftwerken« der Zelle – genügend Sauerstoff für die Verbrennung zur Verfügung. Diese Art der Energiegewinnung findet in erster Linie bei leichtem Ausdauertraining im unteren Bereich des Trainingspulses statt, zum Beispiel beim Walken oder langsamen Joggen.

AUS EIGENER ERFAHRUNG

Ich selbst habe viele Wochen – vor allem wenn es am Abend vorher etwas später wurde – gegrollt, wenn mich der Wecker morgens noch eine halbe Stunde früher aus dem Bett warf, nur damit ich vor dem Duschen noch einen Morgenlauf machen konnte – bevor ich dann den Tag größtenteils am Schreibtisch verbrachte. Aber irgendwann wurde es eine liebe Gewohnheit, die ich nur selten unterbreche. Und wenn Sie draußen sind, wenn es im Winter dunkel oder bei Schnee auch erstaunlich hell ist, im Frühling die Nebel aufsteigen und die Vögel zwitschern, im Sommer die Sonne schon immer vor Ihnen auf ist und wenn Sie im Herbst als frühe(r) Läufer(in) mit tausend Farben begrüßt werden, dann beglückwünschen auch Sie sich dazu, dass Sie in die Laufschuhe gesprungen sind. Ich laufe übrigens auch in Gesellschaft, denn meine Frau und unser Hund begleiten mich.

Wichtig für Rheumakranke

Wenn Sie sich im Freien bewegen, tanken Sie neben frischer Luft auch noch Licht und Sonne. Das dient in unseren Breiten nicht nur der Aufnahme von Vitamin D und so dem Schutz vor Osteoporose, sondern wirkt zusätzlich auch negativen Gedanken entgegen.

Leiden Sie an einer rheumatische Erkrankung, ist schonende Bewegung besonders wichtig. Laufen Sie auf weichem, federndem Boden im Wald oder über Wiesen, aber nicht auf sehr unebenem Boden. Ein paar Aufwärmübungen schützen vor Überlastung und Verletzung und bilden auch die Grundlage eines effektiven Trainings.

Auf den richtigen Puls achten

Beginnen Sie – wie bereits gesagt – mit dem neuen Bewegungstraining langsam, vielleicht mit dreimal 20 Minuten Bewegung pro Woche. Messen Sie Ihren Ruhepuls und den Puls bei hoher Belastung. Am wirkungsvollsten ist das Training mit einer Puls-

frequenz von 50 bis 75 Prozent des Maximalpulses. Noch einfacher für den Anfänger ist die folgende Faustregel: Die optimale Pulsfrequenz sollte bei 160 minus dem Alter liegen.
Die Deutsche Gesellschaft für Sportmedizin gibt folgende Zahlen als Richtwerte an:

Alter (Jahre)	Trainings-Pulsfrequenz (Schläge pro Minute)	Maximale Herzfrequenz (Schläge pro Minute)
20	120 - 150	200
30	114 - 142	190
40	108 - 135	180
50	102 - 127	170
60	96 - 120	160
70	90 - 113	150

Da es sehr schwierig ist, während des Trainings dauernd die Pulsschläge zu zählen, wurden elektronische Pulsmessgeräte entwickelt, die während des Trainings am Körper getragen werden. Sie bestehen aus einem Brustgurt und einer Pulsuhr, die am Handgelenk getragen wird und immer den aktuellen Puls anzeigt. Es gibt inzwischen sehr viele unterschiedliche Modelle und Funktionen. Am Anfang reicht Ihnen sicher ein einfaches Modell. Lassen Sie sich im Sportfachhandel, in Ihrem Fitness center oder von Ihrem Arzt bei der Auswahl beraten.

Sportlich im Alter

Wer über 40 Jahre alt ist, lange keinen Sport getrieben hat oder an Herz-Kreislauf-Erkrankungen leidet, sollte sich sicherheitshalber ärztlich untersuchen lassen, bevor er mit Sport beginnt. Das Alter allein spricht jedoch nicht gegen regelmäßige Bewegung, im Gegenteil: Zu den zahlreichen positiven Auswirkungen, die oben aufgezählt wurden, kommt noch die Vorbeugung gegen das Sturzrisiko, denn 30 Prozent der über 65-jährigen Menschen stürzen ein- oder mehrmals pro Jahr und erleiden dabei Verletzungen, insbesondere schwere Knochenbrüche.

Dehnübungen

Die folgenden beiden Dehnübungen (Stretching) sollten Sie nicht nur nach dem Laufen ausführen:
Stellen Sie sich vor einen Stuhl mit weicher Sitzfläche und legen Sie Ihre rechte Ferse bei gestrecktem Bein auf den Stuhl. Beugen Sie sich jetzt mit beiden Armen möglichst weit zu den rechten

Zehen. Das linke Bein soll ebenfalls gestreckt bleiben. Führen Sie danach die Übung auf der anderen Seite durch, indem Sie nun das linke Bein auf den Stuhl legen.

Jetzt stellen Sie sich vor die linke Seite des Stuhls und halten sich mit der rechten Hand an der Stuhllehne fest. Beugen Sie das rechte Knie, und knien Sie sich leicht auf den Stuhl. Stellen Sie dann das linke Bein möglichst weit nach vorne. Verschränken Sie die Hände hinter dem Rücken, und halten Sie Kopf und Rücken gerade. Strecken Sie jetzt das linke Knie, so weit es geht. Nun stellen Sie sich vor die andere Seite des Stuhles und wiederholen die Übung mit dem linken Knie auf der Stuhlfläche.

Volkskrankheit Rückenschmerzen: Über die Hälfte aller Deutschen um die 40 klagt darüber. Die meisten Erkrankungen könnten durch regelmäßiges Training der Rumpfmuskulatur vermieden werden.

GÜNSTIGE SPORTARTEN UND IHRE VORTEILE

- Laufen: einfache Ausrüstung (Laufschuhe)
- Walking: schnell erlernbar; viele Walking-Treffs
- Nordic Walking: Entlastung der Knie und Sicherheit durch Teleskopstöcke (→ Seite 41)
- Bergwandern: hoher Erholungswert, Herz-Kreislauf-Training
- Fahrradfahren: Entlastung von Hüften, Knie- und Sprunggelenken, gute Höheneinstellung von Sattel und Lenker ist wichtig
- Ergometertraining (Standfahrrad): wenn mobiles Fahren nicht möglich ist
- Tanzen: Partnersport, Musik, Entspannung
- Schwimmen: entlastet Gelenke (vor allem Rückenschwimmen); Abhärtung, das heißt, der Organismus wird anpassungsfähiger
- Wassergymnastik: schwereloses Üben, Entspannung
- Aquajogging: intensives Training gegen den Widerstand des Wassers
- Skilanglauf: hervorragendes Training im Winter
- Volleyball: durch fehlenden Gegnerkontakt und geringe Verletzungsgefahr geeignetstes Ballspiel, gute Koordinationsübung, Gruppeneffekt
- Golf: große Gehstrecken, gute Technik nötig

Nordic Walking liegt voll im Trend: Der Puls bleibt im grünen Bereich, die Gelenke werden geschont, und das Training in der Gruppe macht viel Spaß.

NORDIC WALKING

Nordic Walking ist eine neue Sportart für Sommer und Winter, die sich leicht erlernen lässt, Knochen und Gelenke im Vergleich zu Joggen oder Walking weniger belastet und zusätzlich ausreichend Kalorien verbraucht. Sportgerät sind zwei leichte Stöcke mit breiten Handschlaufen. Die Stockspitzen können beim Laufen über Asphalt oder Beton mit Gummipuffern ummantelt werden. Das Wichtigste beim Nordic Walking ist die Koordination der Bewegung zwischen Armen und Beinen. Die linke Ferse setzt gleichzeitig mit dem rechten Stock auf. Der Sport ähnelt sehr dem Skilanglauf, allerdings ohne Ski. Der Einsatz der beiden Stöcke entlastet Hüften, Knie und Füße und trainiert auch die Arme. Außerdem unterstützen die Stöcke beim Bergaufgehen und entlasten beim Bergablaufen, vor allem die Kniegelenke.

Deshalb ist die Sportart besonders für Menschen mit Problemen des Bewegungsapparates oder auch mit Übergewicht geeignet. Der Kalorienverbrauch liegt um etwa 20 Prozent höher als beim normalen Walking.

Machen Sie Ihre Sporteinheiten, wenn irgend möglich, immer zur selben Zeit. Durch die Routine geraten Sie weniger in Gefahr, eine Einheit einfach zu »vergessen«.

Gymnastik

Einen guten Anfang für Ihre tägliche Bewegung stellt das folgende kleine Gymnastikprogramm dar. Die Übungen sind für Menschen mit entzündlichem Rheuma oder anderen Rheumaformen geeignet und auch für Untrainierte leicht zu erlernen. Stellen Sie sich daraus Ihr eigenes kleines Gymnastikprogramm zusammen. Für die Übungen im Liegen benutzen Sie am besten eine Gymnastikmatte oder einen Teppich, doch sollte Ihre Unterlage nicht allzu nachgiebig sein, wie zum Beispiel ein Bett. Beginnen Sie langsam; leichte Beschwerden dürfen dabei auftreten. Bei akuten Schmerzen beenden Sie die Gymnastik.

Regelmäßige Gymnastik fördert die Beweglichkeit! Mit den Übungen können Sie sich längst verloren geglaubte Mobilität zurückerobern und erhalten.

Schultern

Stellen Sie sich aufrecht hin, und strecken Sie die Arme nach oben. Nun beginnen Sie mit kreisenden Bewegungen nach vorne und führen die Hände wieder nach oben. Anschließend führen Sie die Kreisbewegung mit beiden Armen nach hinten aus. Danach legen Sie die Hände hinten auf den Hals, so dass die Ellbogen seitwärts schauen. Ziehen Sie dann die Arme kräftig nach vorne, bis auch die Ellbogen nach vorne gerichtet sind. Anschließend ziehen Sie die Arme wieder nach hinten. Der Hals bleibt während der ganzen Zeit gerade.

Ellbogen

Strecken Sie nun die Arme wieder seitlich aus, und drehen Sie die Handflächen nach oben. Dann beugen Sie die Ellbogen, bis die Fingerspitzen die Schultern berühren. Anschließend strecken Sie die Arme wieder zur Seite. Führen Sie diese Übung mehrfach durch. Strecken Sie nun die Arme in Schulterhöhe nach vorne, und drehen Sie die Handflächen wieder nach oben. Beugen Sie dann die Unterarme ähnlich wie vorher nach hinten, bis die Fingerspitzen die Schultern berühren. Anschließend strecken Sie die Arme wieder nach vorne.

Hände

Nun dürfen Sie sich setzen und die Hand seitlich und gestreckt auf einen Tisch legen. Beugen Sie dann die Finger in den Endgelenken, und machen Sie eine so genannte »kleine Faust«. Danach beugen Sie die Hand weiter bis zur »großen Faust«. Machen Sie anschließend die gleiche Übung mit der anderen Hand.
Legen Sie jetzt die Hände mit dem Handrücken auf den Tisch, und schließen Sie einige Male die Faust. Versuchen Sie dann, bei gestreckten Armen die Handrücken aneinander zu legen, und schließen Sie erneut die Faust.

Achten Sie bei allen Übungen darauf, den Rücken stets gerade zu halten und den Kopf in der Verlängerung der Wirbelsäule. Wenn Sie stehen, stellen Sie die Füße hüftbreit auseinander, die Zehenspitzen zeigen nach vorne, die Knie bleiben immer ganz leicht gebeugt.

Wirbelsäule

Nun stellen Sie sich wieder locker und aufrecht hin und lassen den Kopf auf die rechte Schulter sinken. Beugen Sie sich langsam nach rechts, während Sie mit der rechten Hand an der rechten Körperseite nach unten fahren. Richten Sie sich dann langsam wieder zur Ausgangsstellung auf. Jetzt können Sie die Übung in gleicher Weise auf der linken Seite durchführen.
Anschließend stellen Sie sich mit leicht gespreizten Beinen hin und versuchen die linke Hand möglichst nah an den rechten Fuß zu führen. Richten Sie sich dann wieder auf und versuchen Sie mit der rechten Hand den linken Fuß zu erreichen.
Dann setzen Sie sich aufrecht auf einen Stuhl und lassen die Arme locker hängen. Neigen Sie nun den Kopf nach vorne, bis Sie mit dem Kinn die Brust berühren. Anschließend beugen Sie den Kopf wieder zurück bis in den Nacken und gehen schließlich in die Ausgangsstellung zurück.
Für die nächste Übung müssen Sie sich auf den Boden legen. Die Hände liegen auf den Oberschenkeln. Heben Sie nun ganz langsam den Oberkörper vom Boden, und rutschen Sie mit den Händen über die Beine bis möglichst nah an die Füße. Anschließend legen Sie sich in die Ausgangsstellung zurück und versuchen die Übung noch einmal durchzuführen.

Hüfte

Sie liegen immer noch auf dem Boden, die Arme neben dem Körper. Heben Sie jetzt langsam das gestreckte rechte Bein so weit wie möglich hoch, beugen Sie dann das Knie, und ziehen Sie es möglichst nah an die Brust. Anschließend führen Sie das Bein in umgekehrter Reihenfolge wieder in die Ausgangslage. Nun kommt das linke Bein dran.
Die nächste Übung sollten Sie nur ausführen, wenn Sie schmerzfrei knien können. Versuchen Sie nun, sich im Knien neben die rechte Ferse zu setzen, und gehen Sie dann wieder in die Ausgangslage zurück mit dem Gesäß über den Fersen. Setzen Sie sich nun neben die linke Ferse.

Kniegelenke

Tragen Sie bei Ihrer Gymnastik bequeme Kleidung, die Sie nicht einengt. Sport-Funktionskleidung aus modernen Materialien hat den Vorteil, dass entstehender Schweiß sofort nach außen transportiert wird und Sie immer trocken bleiben.

Nun liegen Sie wieder auf dem Rücken, die Arme neben dem Körper. Machen Sie dann Radfahrbewegungen; Kopf und Oberkörper bleiben dabei entspannt auf dem Boden liegen.
Dann setzen Sie sich auf einen Stuhl mit einem hohen Kissen oder auf einen stabilen Tisch, damit die Füße den Boden nicht berühren. Strecken Sie nun das rechte Bein waagrecht nach vorne, lassen es dann einige Male locker hin und her pendeln und wiederholen Sie die Übung. Anschließend führen Sie die Übung mit dem linken Bein durch.

Füße

Sie sitzen wieder auf einem Stuhl und heben das rechte Bein bis zur Waagrechten. Nun strecken Sie den Fuß, bis das ganze Bein eine Linie bildet. Heben Sie den Fuß, bis er senkrecht zum Bein steht. Jetzt folgt die gleiche Übung mit dem linken Fuß.
Legen Sie sich nun ein kleines Tuch (Taschentuch) vor die nackten Füße und versuchen Sie, es mit den Zehen zu fassen und mit gestrecktem Bein bis zur Waagrechten zu heben. Anschließend üben Sie das Greifen mit dem linken Fuß.

Wärme und Kälte

Wärme- und Kälteanwendungen gehören wie Bäder zu den ältesten Heilmaßnahmen der Menschen. Schon in antiken Schriften wurden heißer Sand, warmer Schlamm vom Nil und heiße Quellen erwähnt. Das Gleiche gilt für kalte Umschläge.

Auch heute gehören Wärme und Kälte zu den wirksamen, gleichermaßen aber auch einfach anzuwendenden und preiswerten Therapiemöglichkeiten, die Sie zu Hause durchführen können.

Wann ist nun Wärme, wann Kälte anzuraten? Diese Frage lässt sich leicht beantworten: Niemand wird sich wohl eine Wärmepackung auf ein entzündetes heißes Knie oder die fiebrige Stirn legen. Nachfolgend finden Sie eine Zusammenstellung nützlicher Wärmeanwendungen für zu Hause.

Wärme wirkt allgemein entspannend auf die gesamte Muskulatur und auch auf die Psyche. Verkrampfungen lösen sich, und das gilt auch für verkrampfte, aneinander gepresste Gelenkteile. So profitiert der Rheumatiker von jeder Wärmeanwendung. Auch der Stoffwechsel wird aktiviert, so dass Abfallstoffe schneller ausgeschieden werden, und auch das Nervensystem profitiert.

WELCHE WÄRMETHERAPIEN KÖNNEN SIE SELBST DURCHFÜHREN?

- Wärmestrahlung, zum Beispiel Sonnenlicht, Rotlichtlampe
- Bäder mit Essenzen von Rosmarin, Lavendel oder Wacholder (15-20 Minuten Nachruhe nicht vergessen, warm eingepackt im Bett)
- Teilbäder sind angeraten, wenn sich wie bei Herz- oder Krampfaderleiden Vollbäder verbieten.
- Heiß duschen
- Feuchte Wärme, zum Beispiel heiße Wickel, heiße Rolle
- Heublumensack (siehe unten)
- Wärmflasche
- Körnerkissen, die im Backofen erwärmt werden
- Hot-Cold-Packung, die im Wasserbad erwärmt wird
- Heißer Sand in der Natur, für Handgreifübungen im Herd erwärmter Vogelsand, Heißsandliege
- Sauna
- Wärmepflaster, zum Beispiel ABC-Pflaster

Wärme

Wärme wirkt allgemein muskelentspannend. Dadurch lösen sich auch verkrampfte, das heißt aneinander gepresste Gelenkteile. Zudem aktiviert Wärme den Stoffwechsel, und auch das Nervensystem profitiert von der entspannenden Wirkung.

FAUSTREGEL FÜR WÄRME- UND KÄLTEBEHANDLUNGEN

Akute und entzündliche Erkrankungen sprechen besser auf Kälte an, chronische und durch Verschleiß bedingte Erkrankungen lieben die Wärme.

Heiße Rolle

Ein Handtuch wird so zusammengerollt, dass an einem Ende eine trichterförmige Öffnung entsteht, während es am anderen Ende fest geschlossen ist. In die Öffnung wird heißes Wasser gegossen, bis das gesamte Handtuch gut durchfeuchtet ist. Die Rolle wird nun in zwei weitere Tücher gewickelt und auf oder unter die schmerzende Körperstelle gelegt.

Heublumensack

Zur Wärmebehandlung eignen sich auch ganz einfache Mittel wie ein Heizkissen oder eine Wärmflasche. Probieren Sie aus, was Ihnen gut tut.

Die Wärmepackung mit dem Heublumensack stammt aus den Kneipp´schen Anwendungen. Der Sack mit getrockneten Blumen und Gräsern wird in einer Schüssel mit kochendem Wasser erwärmt und vorsichtig mit einem Handtuch ausgedrückt. Platzieren Sie den Heublumensack dann so auf einem großen Handtuch, dass Sie sich mit der schmerzenden Stelle darauf legen können.

Wärmepflaster

Wärmepflaster enthalten einen Extrakt aus Cayennepfeffer (Chili). Der Wirkstoff Capsaicin dringt in die Haut ein und stimuliert die Durchblutung. Dadurch kommt es zur Überwärmung, die im Schmerzbereich angenehm empfunden wird. Zusätzlich stellt sich jedoch auch ein schmerzlindernder Effekt ein. Capsaicin blockiert die Übertragung des schmerzweiterleitenden Stoffes. In seltenen Fällen kann die Haut allergisch reagieren.

Kälte

Kälte erzeugt reaktiv ebenfalls Wärme – das weiß jeder, der sich schon einmal mit Schnee eingerieben hat. Dies darf jedoch nie bei Frösteln oder Frieren angewendet werden!

Wenn Sie den Kältereiz allgemein zum Abhärten verwenden wollen, so können Sie sich auch kalt abduschen, wechselwarm duschen oder kühle Armgüsse im Sinne von Kneipp durchführen. Auch Wassertreten eignet sich hier gut. Sie können es stilgerecht auf dem taunassen Rasen oder im Brunnenbecken, alternativ aber auch in der Badewanne durchführen.

Eine weitere Kälteanwendung sind Alkoholumschläge. Mischen Sie dazu 50 ml 70 prozentigen Isopropylalkohol aus der Apotheke mit 100 ml Wasser. Befeuchten Sie ein Küchenhandtuch oder eine Stoffserviette damit. Legen Sie das feuchte Tuch auf das schmerzende Gelenk. Der verdampfende Alkohol kühlt.

WELCHE KÄLTETHERAPIEN KÖNNEN SIE SELBST DURCHFÜHREN?

- Kälte zur Kühlung kann man heute am einfachsten durch Kältepackungen an ein schmerzhaftes oder entzündetes Gelenk bringen. Diese sind mit einem Gel gefüllt, das auch im Gefrierschrank nicht erstarrt und sich deshalb der Gelenkoberfläche anpassen lässt. Achten Sie darauf, dass die Packung die Haut nicht direkt berührt, sondern ein dünnes Tuch dazwischen liegt.
- Als Alternative zur Kältepackung kann ein Kunststoffbeutel mit Eiswürfeln aus dem Gefrierfach dienen.
- Einfach lässt sich ein Eislolly herstellen: Füllen Sie einen Jogurtbecher mit Wasser und stecken Sie einen kräftigen Plastiklöffel hinein. Stellen Sie den Becher dann in den Gefrierschrank. Das Gelenk kann durch vorsichtiges Bestreichen mit dem Eislolly gekühlt werden.
- Auch mit einem kalten Wickel können Sie kühlen.

Eine Packung TK-Erbsen eignet sich ebenfalls als wirksames und preiswertes Kühlmittel.

Stress und Schmerzen kontrollieren

Der Zusammenhang zwischen Stress, Verspannung und Schmerz ist ein wahrer Teufelskreis, der in diesem Abschnitt näher beleuchtet wird.

Stress ist zunächst einmal die Alarmkette, die unser Überleben über Hunderttausende von Jahren gesichert hat. Somit ist Stress nichts Neues, sondern etwas Uraltes. Wenn zum Beispiel ein Tiger aus dem Unterholz auftauchte, weckte der Stress all unsere Energien.

Der Begriff Stress kommt aus dem Englischen und wurde 1936 von dem Biochemiker und Mediziner Hans Seyle (1907–1982) geprägt. Er bezeichnete damit ein Reaktionsmuster, das alle Menschen und Tiere bei erhöhter Beanspruchung in geistiger oder körperlicher Hinsicht zeigen.

Dieser Ablauf ist bis heute derselbe geblieben: Reflexartig mobilisiert das Gehirn das vegetative Nervensystem. Es kommt zu einem Adrenalinausstoß, der die Energiereserven freigibt, das Herz schneller schlagen lässt, die Blutgerinnung erhöht und den Schmerz betäubt.

Gleichzeitig wird der Mund trocken, jedes Hungergefühl stirbt. Der Körper ist nur noch auf Kampf und Überleben ausgerichtet. »Angriff oder Flucht«, so lautet die Devise, und so erhöht sich auch die Spannung in den Muskeln.

Diese uralte Stressfunktion hat manchmal auch heute noch ihre Bedeutung – zum Beispiel, wenn wir unaufmerksam die Straße überqueren oder uns beim Sturz in den Bergen gerade noch an einer Wurzel festkrallen können.

In den meisten Fällen ist diese Stressfunktion im heutigen Alltag jedoch nicht mehr adäquat: Wenn uns der Chef in ungerechtfertigter Weise zusammenstaucht, können wir nicht mit einem gezielten Haken reagieren, auch wenn uns noch so sehr danach wäre.

Stattdessen müssen wir unsere Wut und wild kreisenden Gedanken im Zaum halten und herunterschlucken. Meist können wir uns nicht einmal bei einem Dauerlauf abreagieren. Und dieser unterdrückte Stress macht uns zu schaffen. Sie können jedoch einiges tun, um den Stress zu bekämpfen.

Stress macht krank

Tritt Stress häufig oder gar dauerhaft auf, wird der Mensch krank. Wir werden unkonzentriert, vergesslich, unzufrieden, unsicher und sogar depressiv und apathisch. Außerdem führen die ständigen Anspannungen zu Muskelverkrampfungen, Fehlhaltungen und Verspannungen. Schmerzen an den Bewegungsorganen, insbesondere Rückenbeschwerden und Spannungskopfschmerzen, sind die Folge. Auch auf den gesamten Körper kann sich dies auswirken, zum Beispiel in der Form von Herzjagen, Herzstolpern, Bluthochdruck, Magengeschwüren, Darmstörungen, Schlafstörungen, Migräne sowie Störungen der Menstruation und des Sexuallebens.

Daneben gibt es jedoch auch einen »positiven Stress«, der uns dazu bringt, Dinge zu tun, die wir uns selbst nicht zugetraut hätten, und der uns entspannt und glücklich macht. Diesen Stress sollten wir uns erhalten.

Stress tritt häufiger bei Frauen als bei Männern und häufiger bei jüngeren (unter 30 Jahre) als bei älteren Menschen auf.

WAS IST BEI AKUTEM STRESS ZU TUN?

Entspannungsverfahren, auf die später noch näher eingegangen wird, sind sehr hilfreich, greifen aber in der Akutsituation oft nicht. Hilfreich sind dagegen die folgenden Methoden:

- Machen Sie etwas Aktives. Sport ist meist im Moment nicht möglich, doch können Sie ein paar Atemübungen durchführen und den Frust mit der verbrauchten Luft ausatmen. Öffnen Sie dazu das Fenster, damit Kältereize wirken können, oder halten Sie das Gesicht unter kühles Wasser.
  Ideal wäre auch ein Punchingball, auf den Sie einschlagen können. Notfalls verprügeln Sie eben ein Kissen – passen Sie aber auf, dass Sie sich nicht selbst wehtun. Schreien Sie, heulen Sie.
- Lenken Sie Ihre Wahrnehmung und Aufmerksamkeit auf ein anderes, erfreulicheres Thema. Richten Sie Ihre Wohnung in Gedanken neu ein, oder planen Sie einen Kurzurlaub.

Entspannungsverfahren

Entspannungsverfahren haben zur Zeit als Selbsthilfeverfahren für zahlreiche Erkrankungen und Spannungszustände Hochkonjunktur. Der große Vorteil dieser Methoden ist, dass sie sich jederzeit und an jedem Ort durchführen lassen, dass man sie – wenn man sie einmal erlernt hat – auch ohne therapeutischen Beistand ausüben kann und dass sie kaum Nebenwirkungen mit sich bringen.

Unterschätzen Sie nicht die kleinen täglichen Ärgernisse! Oft sind sie es, die das Fass zum Überlaufen bringen. Ein winziger Anlass kann Ihnen den »Rest« geben, und Sie brechen geistig und/oder körperlich zusammen. Machen Sie sich Ihre Anlässe für Stress bewusst – und fragen Sie sich, ob der Anlass das wert ist!

In jedem Land und in jeder Kultur gibt es bevorzugte Verfahren. Allen Methoden ist gemeinsam, dass sie den Menschen in einen Bewusstseinszustand versetzen, der jenseits von Wachsein aber auch jenseits von Schlafen liegt. In diesem meditativen Zustand können sich die Muskeln entspannen. Atmung, Pulsschlag, Verdauungsfunktionen und Hautdurchblutung werden auf ein Sparprogramm umgestellt.

DIE WICHTIGSTEN ANERKANNTEN ENTSPANNUNGSVERFAHREN

- Autogenes Training
- Fantasiereisen oder Imagination
- Hypnose
- Muskelentspannung nach Jacobson
- Yoga
- Qigong
- Feldenkrais

Mit all diesen Verfahren lässt sich bei entsprechender Übung eine hervorragende Entspannung erreichen. Wenn Sie auf diesem Gebiet noch keine Erfahrung haben, empfiehlt sich gerade bei rheumatischen Erkrankungen aller Art die Muskelentspannung nach Jacobson.

Autogenes Training

Das autogene Training hat in Deutschland die größte Tradition. Es wurde in den 20er Jahren des letzten Jahrhunderts von dem Berliner Psychiater Professor Johannes Heinrich Schultz cnt wickelt. Der Name beschreibt bereits die Methode: Im Gegensatz zur Fremdbeeinflussung - wie etwa bei der Hypnose - erfolgt hier eine autogene Beeinflussung, das heißt Sie beeinflussen sich selbst. Damit sind Sie Ihr eigener Therapeut und ganz für die Wirkung verantwortlich.

Sicherlich kennen Sie die negative Selbstbeeinflussung, zum Beispiel Sätze wie »Das schaffe ich ja sowieso nicht«, mit denen Sie sich von vornherein mit einem Scheitern abfinden und sich vielleicht nicht einmal um einen Erfolg bemühen. Mit dem autogenen Training sollen und können Sie dagegen positive Wirkungen für sich entwickeln.

Haben Sie Lust, das Verfahren an einem kleinen Beispiel auszuprobieren? Dann setzen Sie sich ganz entspannt und bequem auf einen Stuhl und schließen Sie die Augen. Die Hände liegen ganz locker auf den Oberschenkeln. Stellen Sie sich vor, dass der rechte Arm und die rechte Hand (wenn Sie Rechtshänder sind) schwer und immer schwerer werden. Verspüren Sie schon das Gefühl, dass die rechte Hand schwer wird und tief in den Oberschenkel einsinkt?

Klappt es nicht? Dann halten Sie die Arme locker angewinkelt mit den Handflächen nach oben und stellen sich vor, in der linken Hand ruht eine Feder, in der rechten ein Bleigewicht. Vielleicht fühlen Sie jetzt, wie die rechte Hand schwer wird und sogar absinkt.

Das autogene Training beinhaltet zahlreiche Übungen, die beruhigend und stärkend auf Herz, Lunge und das vegetative Nervensystem wirken. Auch formelhafte Vorsätze können damit verinnerlicht werden, zum Beispiel »Ich werde wieder gelassen und angstfrei in einen Aufzug steigen«.

Das autogene Training sollte am Anfang in einer ruhigen, reizarmen Umgebung stattfinden. Dazu bietet sich ein Raum an, der etwas abgedunkelt werden kann und der gut von Geräuschen abgeschirmt ist. Da beim Entspannen der Puls sinkt, sollten Sie darauf achten, dass der Raum warm genug ist und Sie nicht zu leicht bekleidet sind.

Yoga

Haben Sie Lust auf zwei Yogaübungen, die Sie leicht neben dem Schreibtisch - zum Beispiel in der Mittagspause - durchführen können? Sie werden nicht nur die Muskeln entspannen, sondern auch den Geist frisch und den Kopf wieder frei machen.
Wer Rückenprobleme hat, sollte öfter mal einen »Katzenbuckel« machen - so heißt die erste Übung nämlich.
Dazu knien Sie sich auf eine Matte, legen den Bauch auf die Oberschenkel und die Stirn auf den Boden. Heben Sie nun die Arme weit nach vorn, atmen Sie tief ein, und heben Sie die Wirbelsäule und den Kopf. Gehen Sie jetzt in den Vierfüßlerstand, und machen Sie einen Katzenbuckel. Anschließend heben Sie Becken, Brustkorb und Kopf und lassen dabei den Rücken in der Mitte nach unten sinken. Danach stellen Sie die Zehen auf und schieben sich aus dieser Haltung nach hinten oben. Diese Position heißt »der Hund, der sich dehnt«. Die Knie können dabei etwas angehoben werden, damit der Rücken lang werden kann. Bringen Sie schließlich die Knie wieder zurück auf den Boden, und legen Sie die Fußrücken ebenfalls flach auf die Matte. Setzen Sie sich jetzt auf die Fersen ab, und senken Sie dabei die Stirn zum Boden. Diesen Bewegungsablauf sollten Sie einige Male wiederholen. Wenn das flüssig klappt, können Sie zusätzlich versuchen, Ihren Atem mit den Bewegungen in Einklang zu bringen.

Yoga ist eine alte und sehr wirksame Entspannungstechnik, die aus Indien kommt. Die Bewegungs- und Haltungsübungen gehen einher mit einer bewussten Atmung und der konzentrierten Wahrnehmung des eigenen Körpers. Diese Konzentration bewirkt Entspannung und seelische Ausgeglichenheit. Schmerzen, Stress und Alltag rücken in den Hintergrund.

Die zweite Übung beginnt in Rückenlage. Die Füße werden zwei Fuß breit auseinander und so dicht ans Gesäß gestellt, dass die Unterschenkel senkrecht stehen. Heben Sie nun Becken und Rücken an, heben Sie dabei gleichzeitig die Arme hoch, führen Sie sie nach hinten, und legen Sie sie auf dem Boden ab. Führen Sie jetzt die Arme noch weiter nach hinten, dehnen und rekeln Sie sich, und atmen Sie dabei ganz bewusst. Legen Sie anschließend Rücken und Becken wieder auf dem Boden ab, die Arme bleiben hinten. Sie sollten möglichst weit nach hinten gedehnt und erst dann neben den Körper gelegt werden.

Muskelentspannung nach Jacobson

Die Tiefmuskelentspannung oder progressive Muskelentspannung nach dem Physiologen Edmund Jacobson ist ein Verfahren, das darauf basiert, einzelne Muskelgruppen von der Stirn über Nacken, Arme, Körper und Beine systematisch erst bewusst anzuspannen und dann wieder zu entspannen.

Nach einiger Zeit nehmen Sie während des normalen Tagesablaufs wahr, dass in manchen Situationen Muskelgruppen unnötigerweise angespannt sind. Oft geschieht das in Stresssituationen. Durch die bewusste Muskelanspannung und die darauf folgende tiefe Entspannung der Muskelpartie finden Sie rasch in einen Entspannungszustand.

Zum Erlernen dieser Entspannungsmethode sollten Sie einen Kurs besuchen (→ Kasten unten).

Für alle Übungen gilt: Ihre körperliche Beweglichkeit gibt den Bewegungsradius vor. Erzwingen Sie niemals eine bestimmte Haltung oder Stellung. Brechen Sie die Übung sofort ab, wenn die Schmerzen zu stark werden. Seien Sie nicht zu ehrgeizig, und achten Sie darauf, welche Möglichkeiten Ihrem Körper zur Verfügung stehen. Mit der Zeit wird sich Ihre Beweglichkeit erhöhen, und die Übungen werden Ihnen leichter fallen.

GEZIELT ENTSPANNEN

- Erlernen Sie Entspannungsmethoden nicht aus Broschüren und Büchern. Nur in Kursen bekommen Sie Antworten auf Ihre Fragen und bei speziellen Problemen. Zudem ist es wesentlich einfacher, die Entspannungsmethoden in einer Gruppe zu erlernen als allein zu Hause.
- Viele Krankenkassen geben neuerdings Zuschüsse zu Kursen zum Erlernen von Entspannungsmethoden, um gesundheitsbewusstes Verhalten zu fördern.
- Die Rheumaliga und Volkshochschulen bieten ebenfalls Kurse für diverse Entspannungsverfahren an.

Rheumahilfen im Alltag

Wenn Ihre Gelenke bereits vorgeschädigt oder durch entzündliche Erkrankungen gefährdet sind, sollten Sie sie so ökonomisch wie möglich einsetzen, um Schmerzen zu vermeiden und Gelenkfehlstellungen nach Möglichkeit zu verhindern.

Entspannungsübungen tragen zur Linderung von Schmerzen bei rheumatischen Beschwerden bei.

Im Alltag beachten

- Arbeiten Sie möglichst mit gestreckten Gelenken.
- Stabilisieren Sie Ihr Handgelenk, z. B durch eine Manschette.
- Holen Sie sich Hilfe beim Einkaufen, Rasenmähen und anderen Tätigkeiten, die körperliche Kraft erfordern.
- Verteilen Sie anstrengende Arbeiten scheibchenweise über den Tag oder über die Woche.
- Verteilen Sie ein Gewicht zwischen beiden Armen, zum Beispiel wenn Sie Taschen tragen oder einen Topf heben.
- Befördern Sie schwerere Gegenstände mit einem Einkaufswagen.
- Heben Sie bei Rückenproblemen aus dem Kreuz.
- Gönnen Sie sich ab und zu eine Pause.

Arthrose am Knie gilt bei Fliesenlegern und Pflasterern als Berufskrankheit, nicht aber bei Berufsradfahrern! Daran zeigt sich, dass die bewegungsarme Dauerbeugung auf lange Sicht mehr Schaden anrichtet als eine Extrembelastung in der Bewegung.

Haushalt

Der täglichen Hausarbeit können wir kaum aus dem Weg gehen. Deshalb ist es hier besonders wichtig, auf Gelenk- und Wirbelsäule schonendes Verhalten zu achten:

- Arbeiten Sie im Beruf und Haushalt mit weichen und dicken Griffen, zum Beispiel bei Schreibgeräten, Kochlöffeln, Zangen und Messern. Tipp: Mit Moosgummischläuchen können Sie sich Ihre Geräte selbst preiswert und individuell anpassen.

- Benutzen Sie spezielle Öffner für Schraubverschlüsse an Flaschen und Gläsern. Tipp: Schraubgläser lassen sich leichter öffnen, wenn man sie vorher unter heißes Wasser hält.
- Verwenden Sie lange Hebelarme am Schlüssel und am Wasserhahn.
- Vermeiden Sie ruckartige Bewegungen der Gelenke, wie sie zum Beispiel beim Bettenaufschütteln auftreten.
- Benutzen Sie beim Arbeiten oder Lesen einen Halter für Buch oder Manuskript.
- Meiden Sie Sofas und Sessel, in denen Sie versinken.

Achtung, meine Damen! Hochhackige Schuhe verkürzen die Wadenmuskulatur und die Achillessehne. Daraus entstehen mittelfristig Probleme in den Muskeln und Gelenken der Beine und im Rücken.

Bad und Ankleiden

Bei rheumatischen Beschwerden können einfache Verrichtungen beim Ankleiden und im Badezimmer zur Tortur werden. Erleichtern Sie sich das Leben:

- Oft sind hier eine Greifzange und ein langer Schuhlöffel oder ein Strumpfanzieher hilfreich.
- Verwenden Sie einen Zahnbürstengriff zum Aufstecken (zum Beispiel von Tepe, → Anhang)
- Hilfreich ist eine Sitzbadewanne mit Tür zum sicheren Ein- und Ausstieg (zum Beispiel von Kibo-med, → Anhang)

Richtiges Verhalten bei der täglichen Hausarbeit hilft, die Gelenke zu schonen.

Das Bett

Fast ein Drittel des Lebens schläft der Mensch – oder er liegt zumindest im Bett und versucht zu schlafen. Quer durch die Jahrhunderte war die Qualität des Schlafes nicht vom Bett selbst abhängig, sondern von der Summe aller Begleitumstände.

Das Schlaflager dient der Ruhe, der Erholung vom Stehen, Gehen und Sitzen. Im Liegen sollen sich die Bandscheiben wieder ausdehnen können. Deshalb wundert es nicht, dass wir alle am Morgen über einen Zentimeter größer sind als am Abend.

Vor ein paar tausend Jahren verbrachten unsere Vorfahren übrigens weit über zwölf Stunden im liegenden Ruhen und saßen höchstens mal in der Hocke – niemals jedoch auf einem Stuhl.

Jeder Mensch hat individuelle Ansprüche an ein Bett, doch man kann auch einige allgemein gültige Regeln geben. Ältere Menschen oder Personen, die in der Beweglichkeit von Wirbelsäule, Hüfte oder Knie eingeschränkt sind, sollten sich für ein relativ hohes Bett entscheiden, denn dadurch werden Hinlegen und Aufstehen enorm erleichtert. Die Matratzenauflage, der Lattenrost, sollte keinesfalls durchhängen, sondern im gesamten Bereich fest, aber elastisch gelagert sein.

Bei Behinderung ist es sehr hilfreich, wenn sich Kopf- und nach Möglichkeit auch Fußteil elektrisch verstellen lassen. Dies ist außerdem sehr bequem.

Die Matratze selbst sollte entgegen früheren Ratschlägen eher weich sein, während die Art des Materials zweitrangig ist. Ob Rosshaar (recht hart), Reisstroh, Federkern, Schaumstoff oder Latex individuell angenehmer ist, müssen Sie selbst nach persönlichen Vorlieben entscheiden, aber auch mögliche Allergien in Betracht ziehen. Jede Matratze muss nach sieben bis zehn Jahren ausgetauscht werden.

Für einen erquicklichen Schlaf sind jedoch noch weitere Dinge wichtig:

- Eine ausreichende und ausreichend lang wirksame Schmerzmedikation, wenn Sie dies brauchen.
- Ein freier Kopf: Lassen Sie vor dem Einschlafen weder finanzielle noch andere Sorgen gedanklich Revue passieren!

- Einschlafrituale, wie zum Beispiel einige Seiten Lesen, ein Glas warme Honigmilch, Kräutertee oder Bier oder eine Wärmflasche an den Füßen.
- Eine angenehme, nicht zu warme Schlafzimmertemperatur
- Geräuschabschirmung
- Lichtabschirmung

Computer und Büro

Gerade für Menschen mit Vorschädigungen ist eine entspannte und ergonomische Arbeitshaltung am Schreibtisch sehr wichtig, egal ob im Büro oder zu Hause:

- Passen Sie die Stuhlhöhe so an, dass Tastatur und Maus etwa auf Ellbogenhöhe liegen.
- Vergessen Sie nicht, die Tastatur mit der angenehmsten Neigung in Ihre Richtung zu kippen.
- Verwenden Sie beim Schreiben am Computer eine Handgelenks- oder Handflächenstütze.
- Legen Sie sich am besten eine ergonomische PC-Tastatur und Maus zu.
- Benutzen Sie einen Stuhl, der wechselnde Sitzpositionen erlaubt, zeitweise auch einen Sitzball.
- Stehen Sie etwa alle 20 Minuten auf, zum Beispiel zum Telefonieren oder um sich etwas zu holen.
- Benutzen Sie ein Keilkissen, um die Lendenwirbelsäule zu entlasten.
- Verwenden Sie auch mal ein Stehpult.

Ein Zeit lang waren Schreibtischstühle in Mode, bei denen man seiner Arbeit halb sitzend, halb kniend nachging – um den Rücken zu entlasten. Mittlerweile weiß man, dass sich die Probleme dadurch nur verlagert haben – vom Rücken auf die Knie.

Haus und Fahrzeug

Auch in Haus und Auto lassen sich nützliche Anpassungen vornehmen:

- Treppenlift (→ Anhang)
- Fahrzeugumbau bei Behinderungen (→ Anhang)
- Ergonomischer Autositz bei Rückenleiden (→ Anhang)

Hilfe bei rheumatischen Beschwerden

Rheumatische Erkrankungen haben häufig den Schmerz als ständigen Begleiter. Mit welchen Mitteln etwas gegen den Schmerz unternommen werden kann, erfahren Sie in diesem Kapitel. Außerdem beschäftigt es sich mit den Möglichkeiten, die Homöopathie und Pflanzenheilkunde zur Linderung der Symptome bieten. Eine Operation ist oft der letzte Ausweg – auch darauf gehen wir kurz ein.

Behandlung von leichten rheumatischen Beschwerden

Bei leichten rheumatischen Beschwerden ist erst einmal Schonung angesagt. Sie sollten eine Ruhepause einlegen und den Schmerz nicht mit Gewalt überwinden, denn der Körper bremst uns mit dem Schmerz und teilt uns dadurch mit, dass wir uns verletzt oder überlastet haben.

Akute Beschwerden, wie zum Beispiel starke Schwellungen und andere ausgeprägte Entzündungszeichen oder gar Lähmungserscheinungen, gehören in die Hände eines Arztes. In anderen Fällen können Sie Ihre Beschwerden zunächst selbst durch Kühlung örtlich behandeln. Vertragen Sie die Kälte nicht, so ist ein Versuch mit Wärme angebracht. Eventuell sollten Sie sich auch in einem warmen Bad entspannen. Testen Sie am nächsten Tag die Situation durch vorsichtiges Bewegen aus, und versuchen Sie, das schmerzende Gelenk langsam etwas mehr zu belasten. Ein leichtes Schmerzmittel mit dem Wirkstoff Paracetamol (ein bis zwei Tabletten à 500 Milligramm) oder Ibuprofen (400 Milligramm) ist dabei hilfreich. Oder vielleicht haben Sie ja auch eine Rheumasalbe? Bei Überwärmung eines Gelenkes sollten Sie allerdings keine »Arthrose-Salbe«, die selbst die Durchblutung anregt, verwenden. Nehmen Sie im Zweifelsfall lieber eine Salbe oder ein Gel mit einem entzündungslindernden Wirkstoff, zum Beispiel Diclofenac.

Sitzen Sie nicht im tiefen weichen Sessel, sondern benutzen Sie einen stabilen Stuhl mit relativ gerader Lehne, der die Wirbelsäule stützt. Auch Armlehnen sind hilfreich. Der Stuhl muss so hoch sein, dass Knie und Hüftgelenke einen rechten Winkel bilden können. Und stehen Sie häufig auf, bewegen Sie auch beim Sitzen Wirbelsäule und Schultern so oft wie möglich.

Wenn Sie nicht zum ersten Mal unter solchen leichten rheumatischen Beschwerden leiden, haben Sie sicher schon etwas Erfahrung und wissen, was Ihnen in dieser Situation gut tut. Wahrscheinlich sind es eher Wärme und wiederholte vorsichtige harmonische Bewegungen.

Geht es Ihnen erst einmal so gut, dass Sie sich mehr Bewegung zutrauen, dann kann auch Tanzen das Richtige für Sie sein. Völlig zu Recht wurde dieser Bewegungsform schon in frühesten

Zeiten eine heilende Kraft nachgesagt. Tanzen führt dazu, sich spielerisch mit der Musik zu bewegen, es bringt innere Harmonie und hilft uns, unseren eigenen Gefühlen wieder näher zu kommen. Tanzen hilft dem Körper, Beweglichkeit, Muskelkraft, aber auch Gleichgewichtssinn und Koordination wieder zu gewinnen oder zu erhalten.

Gezielter Einsatz von Medikamenten

Ohne Medikamente können rheumatische Erkrankungen nicht sinnvoll behandelt werden. Gegen die Schmerzen werden Schmerzmittel eingesetzt. Dazu kommen spezielle Mittel zur Linderung der rheumatischen Symptome.

Wenn Sie unter morgendlicher Steifigkeit leiden oder in den frühen Morgenstunden wegen Schmerzen erwachen, so nehmen Sie am Abend eine retardierte Tablette (das heißt eine Tablette, in der der Wirkstoff so verpackt ist, dass er erst verzögert freigesetzt wird). Die Wirkung tritt dann hauptsächlich in den Morgenstunden ein, wenn Sie diese auch benötigen. Besprechen Sie die Medikamentenauswahl mit Ihrem Arzt.

Schmerzmedikamente

Schmerzmittel – auch Analgetika genannt – bekämpfen nur den Schmerz und haben keine zusätzliche entzündungshemmende Wirkung. Daher sind sie frei von den typischen Nebenwirkungen der Antirheumatika, die insbesondere den Magen betreffen können. Beide Medikamentengruppen können kombiniert werden.

Ein mildes Schmerzmittel ist Paracetamol, das frei verkäuflich ist und bei Bedarf in einer Dosierung von bis zu vier Tabletten pro Tag genommen werden kann. Bei bekanntem Leberschaden sowie bei regelmäßiger Anwendung sollten Sie jedoch den Arzt konsultieren.

Als mittelstarke Schmerzmittel gelten folgende Substanzen:

- Metamizol oder Novaminsulfon, zum Beispiel Novalgin®, ein relativ kurz wirksames und auch krampflösendes Medikament, das in der Regel nicht in der Dauertherapie Verwendung findet, und
- Flupirtin (zum Beispiel Katadolon®), von dem man meist täglich zweimal eine Tablette nehmen muss.

Außerdem gibt es starke, opiumähnliche Schmerzmittel.

Die gebräuchlichsten Substanzen sind

- Codein (zum Beispiel zusammen mit Paracetamol in Nedolon P®). Die Wirkung ist deutlich stärker als bei den bereits genannten Substanzen. Außerdem treten oft die typischen Begleiterscheinungen dieser Gruppe auf: Müdigkeit und Darmträgheit. Gleichzeitiger Genuss von Alkohol und Beruhigungs- oder Schlafmitteln verstärkt die Wirkung deutlich.
- Gleiches gilt für den Wirkstoff Tramadol (zum Beispiel Tramal®), der zusätzlich noch Übelkeit verursachen kann.

Die stärkste Gruppe der Schmerzmedikamente sind die so genannten Betäubungsmittel. Davon gibt es heute sehr viele Substanzen, unter anderem Morphin (zum Beispiel MST®) und Fentanyl (Durogesic® als Schmerzpflaster). Verstopfung und Übelkeit sind auch hier die häufigsten Nebenerscheinungen.

*Zecken können Arthritis verursachen: Die **Lyme-Arthritis** oder **Lyme-Borreliose**. Ihr bakterieller Erreger, Borrelia Burgdorferi, wird durch die Zecke übertragen. Mit der ebenfalls von Zecken übertragenen Viruserkrankung mit Hirnhautentzündung FSM (Frühsommermeningitis) ist diese Krankheit jedoch nicht verwandt. Inzwischen sind etwa 20–30 Prozent der Zecken in Deutschland mit Borrelien infiziert.*

WAS SIND NEBENWIRKUNGEN?

Als Nebenwirkungen bezeichnet man unerwünschte Wirkungen, die naturgemäß mit einer Substanz verbunden sind. Sie müssen jedoch nicht zwangsweise auftreten, oft auch nicht einmal nach jahrelanger Einnahme. Die wichtigen Nebenwirkungen Ihrer Medikamente sollten Sie unbedingt kennen.

Treten Nebenwirkungen auf, so sollten Sie die Medikamente vorübergehend absetzen und gleichzeitig das Problem mit Ihrem Arzt besprechen.

Manche Nebenwirkungen lassen sich bereits durch Blutuntersuchungen schon erkennen, wenn Sie selbst noch gar nichts davon spüren. Sollten solche Kontrollen notwendig sein, weist Sie Ihr Arzt darauf hin.

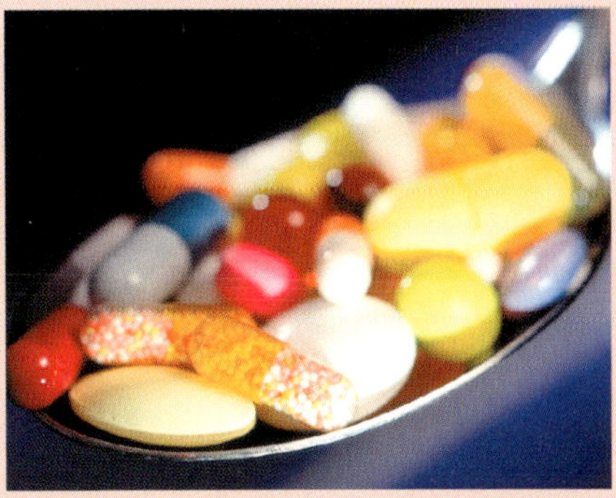

Pillen, die Ihre Schmerzen und Beschwerden lindern, können unangenehme Nebenwirkungen haben.

Die kortisonfreien Antirheumatika

Tipps bei Wirbelsäulenbeschwerden: Benutzen Sie zwischendurch immer wieder ein Stehpult und bei sitzender Tätigkeit Fußstützen. Versuchen Sie Ihren Autositz zu optimieren; achten Sie bei einer Neuanschaffung besonders auf seitlichen Halt und viele Verstellmöglichkeiten. Benutzen Sie (zeitweise) einen Sitzball auch beim Arbeiten. Und machen Sie sich mit einem Rückenschulprogramm fit; es wird in Therapiezentren und in Volkshochschulen angeboten.

Diese Gruppe wird von Menschen mit rheumatischen Beschwerden mit Abstand am häufigsten – und oft auch mit gutem Erfolg – benutzt. Alle zu dieser Gruppe gehörigen Substanzen stammen vom Aspirin® ab, das der Chemiker Hoffmann vor über 100 Jahren für die Firma Bayer entwickelte. Während dieses Präparat in den USA noch heute oft gegen Rheumabeschwerden genommen wird, werden bei uns fast nur Nachfolgesubstanzen benutzt. Obwohl gar nicht so viele Wirkstoffe zur Verfügung stehen, gibt es zahllose Medikamente.

Heute gibt es zwei große Substanzgruppen der NSAR (nichtsteroidale Antirheumatika). Zum einen die herkömmlichen Antirheumatika, zum anderen gibt es eine neue Substanzklasse: Die COX-2-Hemmer (Cyclooxygenase-2-Hemmer), die die Entzündungen noch gezielter hemmen und zudem weniger von Magenproblemen begleitet sind.

TYPISCHE NEBENWIRKUNGEN ALLER ANTIRHEUMATIKA

Organ	Kennzeichen	Alarmzeichen, sofortiger Arztbesuch notwendig
Magenentzündung, -geschwür	Magenschmerzen*, Völlegefühl*, Übelkeit*	Schwarzer Stuhl***
Darm	Blut am Stuhl***	Blut am Stuhl***
Hautallergie	Rötung, Jucken**	Blasenbildung***
Nierenschwäche	Beinschwellung**	
Lunge	Husten***	Atemnot ***
Nervensystem	Schwindel**	
Blutkörperchen	Erniedrigung der weißen Blutkörperchen***	Aphten im Mund***, Fieber***
*häufig, **gelegentlich, ***selten		

Antirheumatika und ihre Wirkstoffe

Die Wirkstoffe unterscheiden sich vor allem durch die natürliche Wirkdauer, wobei bestimmte Zubereitungen (Retard-Formen) auch eine kurze Wirkdauer entsprechend verlängern können. Welcher Wirkstoff für Sie am besten geeignet ist, hängt von der Art Ihrer Erkrankung und Ihrem sonstigen körperlichen Zustand ab. Jedes Medikament trägt einen Substanz- oder Wirkstoffnamen und einen Medikamentennamen, der mit dem eingetragenen Warenzeichen ® gekennzeichnet ist.

Patienten, die über 75 Jahre alt sind, an vielen Erkrankungen leiden, früher Magen- oder Darmgeschwüre hatten oder Menschen, die Mittel zur Blutverdünnung einnehmen, sollten eher COX-2-Hemmer als NSAR bekommen. Im Einzelfall muss jedoch immer Ihr Arzt entscheiden, welches Medikament er Ihnen verschreibt.

*Vom **Carpaltunnel-Syndrom** spricht man, wenn ein Nerv zwischen den Handwurzelknochen und dem auf der Handflächenseite darüber führenden Band eingeklemmt ist.*

ANTIRHEUMATIKA UND IHRE WIRKSTOFFE

Wirkstoff	Beispiel eines Medikamentes	Wirkstoff Menge (Milligramm)	Maximalmenge pro Tag (Milligramm)	Wirkdauer (Stunden)
Herkömmliche NSAR				
Acetylsalicylsäure (ASS)	Aspirin®	500	3000	3-4
Indometacin	Amuno®	25-50	150	4-5
Acemetacin	Rantudil®	30-60	180	4-5
Acemetacin retardiert	Rantudil retard®	90	180	9-12
Diclofenac (auch retard)	Voltaren®	50-100	150	4-12
Ibuprofen (auch retard)	Brufen®	200-800	2400	4-12
und viele andere				
COX-2-Hemmer				
Rofecoxib	Vioxx®	12,5-50	50	20-24
Celecoxib	Celebrex®	100-200	400	12-14
Valdecoxib	Bextra®	10-40	40	20-24

Kortisonpräparate

Schon vor Hunderten von Jahren wurde die Gicht trefflich beschrieben. Viele große Persönlichkeiten und wohlhabende Familien von den Medici über Wallenstein bis hin zu Friedrich dem Großen litten unter der Krankheit, wobei sowohl die gute und fleischreiche Ernährung wie die Vererbung eine Rolle spielten. Betroffen sind in erster Linie Männer, bei ihnen tritt die Krankheit rund zwanzig Mal häufiger als bei Frauen auf. Außerdem zeigen Frauen fast nie vor dem 50. Lebensjahr Krankheitszeichen.

Bei kaum einem anderen Rheumapräparat gibt es so viele Vorbehalte wie beim Kortison. Daher erst einmal einige Fakten: Kortison stammt von dem lebensnotwendigen körpereigenen Hormon Cortisol ab. Die ersten Patienten wurden in den 40er Jahren des letzten Jahrhunderts mit dieser neuen Substanz behandelt und fühlten sich darauf wie neu geboren. Da man damals noch keine Erfahrung mit Kortison hatte, wurde es langzeitig hoch dosiert gegeben und führte zu deutlichen Nebenwirkungen. Also galt es von da ab als »Teufelszeug«. Die Wahrheit liegt wie immer irgendwo in der Mitte. Kortison ist auch heute noch lebensrettend, und es hilft schnell bei schweren Schüben. Für längere Zeit darf es jedoch nur niedrig dosiert gegeben werden.

DIE WICHTIGSTEN NEBENWIRKUNGEN VON KORTISON

Nebenwirkung	Vorsichtsmaßnahme	Therapie oder Vorbeugung
Blutzucker-anstieg	Blutzucker-Kontrolle	Beobachten, eventuell ein Medikament geben, das den Blutzucker senkt.
Grauer oder grüner Star	Augenärztliche Kontrollen, drei- bis viermal monatlich	
Blutdruck-anstieg	Kontrolle	Selten Medikament nötig
Osteoporose	Knochendichte messen	Vorbeugende Therapie
Magenprobleme		Treten nur auf, wenn gleichzeitig Antirheumatika gegeben werden!
Gewichts-zunahme	Wöchentlich wiegen	Salzarm und kalorienreduziert essen.
Gesichts-schwellung	Arztbesuch, Selbstbeobachtung	Wenn möglich, Dosis anpassen.

Kortison hilft schnell

Kortisonpräparate dürfen nach einer Behandlung über Wochen und Monate nicht schnell abgesenkt werden, weil die körpereigene Produktion in der Zwischenzeit gedrosselt wurde. Dies gilt ganz besonders vor Operationen. Hier wird die Kortisonmenge sogar für ein bis zwei Tage deutlich erhöht, um Entzündungen und Gewebereaktionen vorzubeugen.

Gelenkinjektionen mit Kortison werden bei akuter Entzündung in einem oder mehreren Gelenken mit gutem Erfolg durchgeführt. Ein großer Gelenkerguss (Flüssigkeitsansammlung im Gelenk) wird vorher abpunktiert, um den Druck auf das Gelenk zu mindern.

Der entzündungshemmende Wirkstoff lindert in der Regel in wenigen Stunden die Schmerzen, und die Gelenkfunktion bessert sich – Sie können sich wieder freier bewegen. Diese Wirkung kann Wochen, manchmal auch länger anhalten.

Derzeit erforscht man, warum Bären während ihres drei- bis fünfmonatigen Winterschlafes keine Osteoporose entwickeln. Sie scheiden in dieser Zeit keinen Urin aus und bauen das vom Knochen ins Blut gelangte Kalzium offensichtlich schnell wieder im Knochen ein. Möglicherweise liegt hier ein Schlüssel zu neuen Medikamenten.

WAS KÖNNEN SIE SELBST TUN, WENN EINE KORTISONTHERAPIE NOTWENDIG IST?

- Die Dosis, außer in Absprache mit Ihrem Arzt, nicht selbstständig ändern.
- Kortison möglichst in einer Dosis früh am Morgen nehmen (falls nicht eine Aufteilung des Medikaments notwendig ist).
- Auch bei sehr früher Kortisoneinnahme die Tabletten nicht auf nüchternen Magen nehmen (Zwieback und ein Getränk schon am Vorabend ans Bett stellen).
- Regelmäßig die ärztlichen Kontrollen wahrnehmen.
- Auch wenn Sie die Tabletten nicht mehr sehen können, nie abrupt aufhören!
- Sich besonders vitamin- und kalziumreich ernähren.
- Die Haut gut pflegen und fetten.
- Bei Infektionszeichen (Fieber, Atembeschwerden, Brennen beim Wasserlassen) den Arzt aufsuchen.

Eine Erkrankung mit einer Entzündung verläuft immer nach dem gleichen Muster, egal ob es sich um das Mittelohr, den Blinddarm oder ein Gelenk handelt. Liegt das entzündete Gelenk dicht unter der Haut, kann man die Entzündungszeichen gut sehen und fühlen. Jede Entzündung führt zu einer Schwellung, durch die verstärkte Durchblutung auch zur Rötung und Überwärmung. Zusätzlich ist die Funktion des betroffenen Organs gestört, am Gelenk also die Bewegung. Ein weiteres Entzündungsmerkmal ist schließlich der Schmerz. Eine Entzündung lässt sich in den meisten Fällen auch im Blut feststellen, zum Beispiel als erhöhte Blutsenkung (oder als Anstieg der weißen Blutkörperchen bei einer bakteriellen Entzündung).

Basistherapeutika

Als Basistherapeutika oder Basismedikamente bezeichnet man Rheumamittel, die nur gegen die entzündlichen Erkrankungen bei entsprechender Krankheitsaktivität eingesetzt werden. Gegen die anderen Erkrankungen sind sie auf Grund anderer Krankheitsursachen unwirksam, vermutlich sogar schädlich. Bei entzündlichem Rheuma können sie dagegen an der Wurzel angreifen, die Krankheitsaktivität unterdrücken und den Krankheitsverlauf im besten Fall zum Stillstand bringen. Da diese Medikamentengruppe hoch wirksam ist, muss die Therapie vom Arzt und im Labor regelmäßig kontrolliert und überwacht werden.

DIE WICHTIGSTEN BASISTHERAPEUTIKA

Wirkstoff	Präparat-Beispiel	Dosierung, Bemerkung
Methotrexat	Methotrexat®, Lantarel®	Tabletten oder Injektion i.v./ i.m./s.c.
Leflunomid	Arava® Tabletten	
Sulfasalazin	Azulfidine Kapseln, RA®, Pleon RA®	

i.v. = Injektion in die Vene, i.m. = Injektion in den Muskel, s.c. = Injektion zwischen Haut- und Muskelschicht

Neueste Substanzen wie TNF-alpha oder Interleukine blockieren Entzündungsüberträger. Ein Beispiel dafür ist Infliximab, das nach neuesten Erkenntnissen bei vielen Rheumaarten hilft.

Wirkstoff	Präparat-Beispiel	Dosierung, Bemerkung
Infliximab	Remicade®	Infusionen i.v., alle acht Wochen, das erste Mal nach zwei bis sechs Wochen

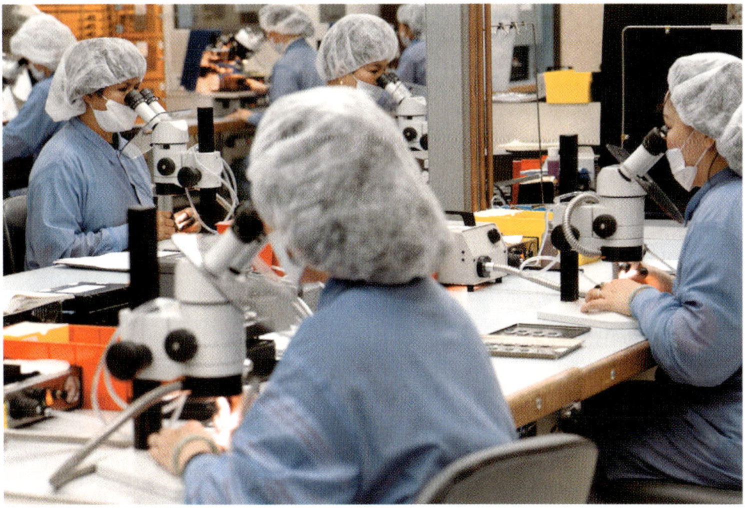

In den Labors der Pharmahersteller werden ständig Wirkstoffe erprobt und neue Medikamente entwickelt.

Weitere medikamentöse Therapien

Wenn entspannende Therapieverfahren nicht helfen oder es um schnelle Wirkung geht, stehen weitere Medikamente zur Auswahl.

Man greift dabei nicht nur auf spezielle Entspannungsmedikamente zurück, sondern auch auf lang bekannte Antidepressiva, die in sehr niedriger Dosierung noch nicht antidepressiv, aber sehr gut muskelentspannend und schlaffördernd wirken:

Wirkstoff	Präparat-Beispiel	Dosierung, Bemerkung
Tolperison	Mydocalm®	2 x 1 bis 3 x 2 Tabletten
Tetrazepam	Musaril®	1–2 Tabletten, aber nur für kurze Zeit sinnvoll. Nicht Auto fahren!
Antidepressiva in sehr niedriger Dosierung, z. B. Amitiptylin oder Trimipramin	Saroten® Amineurin® Stangyl®	Dosis langsam erhöhen ca. 2 Std. vor dem Schlafengehen einnehmen

Bei chronischer Polyarthritis beginnt der Arzt nach der Diagnose so schnell wie möglich mit der Behandlung mittels Rheumamedikamenten gegen entzündliche Erkrankungen, um die Polyarthritis rasch in eine Ruhephase zu bringen. Zusätzlich wird oft eine geringe Dosis eines Kortisonpräparates gegeben. Bei einer sehr hohen Krankheitsaktivität können für kurze Zeit auch große Kortisondosen notwendig sein.

Gelenkinjektionen

*Grundlage der Therapie bei **Morbus Bechterew** ist eine frühzeitige und regelmäßige Gymnastik, um die Wirbelsäule beweglich zu halten. Da Bewegung häufig mit starken Schmerzen verbunden ist, werden antientzündliche und schmerzlindernde Medikamente verschrieben. Hier haben sich kortisonfreie Antirheumatika bewährt. In sehr schweren Fällen werden Kortisonpräparate und neuerdings auch TNF-alpha-Blocker angewandt. Gelenkentzündungen außerhalb der Wirbelsäule werden ähnlich wie die chronische Polyarthritis behandelt. In den meisten Stadien der Erkrankung empfinden die Betroffenen Wärmeanwendungen am Rücken als sehr angenehm.*

Mit Gelenkinjektionen, die vor allem bei entzündlichen Erkrankungen in Form von Kortisoneinspritzungen verabreicht werden, lässt sich meist eine gute Wirkung erzielen, die auch einige Wochen lang anhält. Auch an Sehnenansätzen werden Injektionen durchgeführt, meist unter Einsatz eines lokalen Betäubungsmittels, wie Sie es vielleicht vom Zahnarzt kennen. Das Kortison oder das örtliche Betäubungsmittel kann auch in die kleinen Gelenke der Wirbelsäule gespritzt werden.

Gymnastik

Was immer Sie auch machen: Es kann oft einige, vielleicht auch sehr viele Wochen dauern, bis sich Ihre Beschwerden bessern und Ihre Schmerzen abklingen. Ja, es kann sogar passieren, dass die Schmerzen erst einmal etwas stärker werden! Übertreiben Sie es daher mit Ihrer Gymnastik nicht, sondern beginnen Sie mit zehn Minuten, und steigern Sie sich dann langsam auf eine Viertelstunde. Lassen Sie sich nicht entmutigen!

Beginnen Sie in einer Gruppe, vielleicht auch einer Gemeinschaft, die ebenfalls an Ihrer oder einer ähnlichen Erkrankung leidet. Eine preisgünstige Möglichkeit ist, an einem Funktionstraining, wie es zum Beispiel die Rheumaliga in verschiedenen Formen in den örtlichen Gruppen organisiert, teilzunehmen.

Mit manchen Übungen können Sie sogar Zeit beim Warten oder in der Straßenbahn ausfüllen oder sich vor dem Fernseher etwas Gutes tun. Auch eine schöpferische Pause am Schreibtisch oder vor dem Computer lässt sich leicht mit einer guten Tat für Ihre Muskeln und Gelenke verknüpfen. Denken Sie an Handübungen, mit denen Sie Ihre Finger strecken können, an den Pinzettengriff des Daumens zu den übrigen Fingern, den Sie wie Fingerübungen durchspielen können, oder an Übungen mit der kleinen und der großen Faust.

Krankengymnastik oder medizinische Trainingstherapien gehören zum Grundprogramm für die Linderung von Beschwerden bei rheumatischen Erkrankungen.

Isometrische Übungen

Wartezeiten oder schöpferische Pausen lassen sich auch gut für isometrische Übungen nutzen. Diese Übungen haben ihren Namen daher, dass die Strecke der Bewegung gleich bleibt und sich nur die Kraft ändert. Drücken Sie die Hände flach gegeneinander, und halten Sie diesen Druck für etwa zehn Sekunden. Wiederholen Sie die Übung mehrmals (bei entzündlichem Rheuma der Handgelenke ist die Übung allerdings nicht geeignet). Auch eine Tischplatte oder eine Wand kann einen unveränderten Widerstand geben. Außerdem können Sie vorsichtig den Kopf gegen die eigene Hand drücken und zu drehen versuchen. Wenn Sie die Handflächen zwischen die Knie legen, trainieren Sie zum einen die Hüftadduktoren – die Muskeln, die die Oberschenkel zueinander drücken –, zum anderen auch Ihre Armmuskeln, wenn Sie Ihre Knie auseinander drücken. Mit Sicherheit fällt Ihnen auch selbst noch die eine oder andere isometrische Übung ein.

*Die Therapie der **Schuppenflechten-Arthritis** gleicht der der chronischen Polyarthritis. Manche Wirkstoffe der Basistherapie wirken nicht nur auf die Arthritis, sondern auch auf die Hauterkrankung. Die Schuppenflechte selbst ist eine entzündliche Hauterkrankung, die als Sonderform (Psoriasis pustolosa) auch massiv an Handflächen und Fußsohlen auftreten kann. Je nachdem, wie stark die Haut befallen ist, werden Salben oder – bei großflächigem Befall – Medikamente in Tablettenform eingesetzt.*

Medizinische Trainingstherapie

In den letzten Jahren hat eine Form der Gymnastik Eingang in die Therapie gefunden, von der man dies nie erwartet hätte: das Krafttraining an Geräten, das lange Zeit nur in Bodybuilding- oder Fitnessstudios ausgeübt wurde.

*Zecken können **Borreliose** übertragen. Diese Krankheit wird auch **Lyme-Arthritis** genannt und hat alle Merkmale einer reaktiven Arthritis (→ Seite 19). Man erkennt sie häufig an einer kreisrunden Rötung der Haut rund um die Bissstelle. Das Risiko einer Erkrankung können Sie, wenn Sie in einem Risikogebiet wohnen, vermindern, indem Sie nicht durch Unterholz, Gebüsch und Gräser streifen, bei Betätigung im Freien auf fest schließende Ärmel und Hosenbeine achten, sich immer gründlich auf Zecken absuchen (sie sitzen gerne in Kniekehle, Leiste, Achsel, bei Kindern auch im Gesicht) und die Zecken sofort vorsichtig mit einer speziellen Zeckenzange oder einer ganz dünnen Pinzette entfernen.*

Dieses neue Therapieverfahren nennt sich Medizinische Trainingstherapie (MT) oder Muskelaufbautraining mit Geräten. Dabei geht es um eine gezielte Kräftigung der Muskulatur. Die Geräte sind so eingestellt, dass falsche – im Sinne von schädlichen – Bewegungen vermieden werden. Bei einer MT sollten Sie stets durch eine(n) Therapeuten/-in angeleitet und kontinuierlich überwacht werden. Anfangs ist die Zahl der Übungen noch gering. An wenigen, individuell ausgesuchten Geräten werden sie zehn- bis zwanzigmal wiederholt: Im Vergleich zum Fitnessstudio sind die Gewichte natürlich sehr niedrig. Weiterhin kommt es auf die richtige Körperhaltung an, damit Überlastungen speziell an der Wirbelsäule vermieden werden.

TIPPS FÜR IHRE PERSÖNLICHE GYMNASTIK

- Sie können davon ausgehen, dass sich Ihre rheumatische Erkrankung durch Bewegung und vorsichtige Gymnastik nicht verschlimmert.
- Der Anfang ist immer am schwersten!
- Beginnen Sie mit ganz wenigen Übungen; zu viele Übungen kann sich am Anfang sowieso niemand merken.
- Seien Sie mit sich geduldig, der Erfolg benötigt Zeit – wie ein gepflanztes Korn.
- Bauen Sie das Training in Ihren Tages- oder Wochenplan ein.
- Sagen Sie nicht, dass Sie keine Zeit haben. Der Himmel beschert Ihnen – wie jedem Menschen – jeden Tag wieder 24 Stunden mit je 60 Minuten.

Unter diesen Gesichtspunkten sind Übungen der medizinischen Trainingstherapie auch für Patienten mit chronischer Polyarthritis oder Morbus Bechterew (jedoch nicht im Schub oder bei sehr hoher Krankheitsaktivität) sinnvoll.
Außerdem gehören sie auch zum Übungsprogramm bei der Rehabilitation.

Nutzen der medizinischen Trainingstherapie

Wirbelsäulensyndrome, Arthrosen und Fibromyalgie profitieren ebenfalls von der Medizinischen Trainingstherapie (MT), die auch zum Muskelaufbau nach Operationen genutzt wird.
Zudem ist MT eine gute Prophylaxe für den Erhalt der Muskelmasse, die sich im Laufe des Lebens um 30 bis 40 Prozent reduziert. Das Training dient auch der Förderung einer guten Körperhaltung, es verbessert die Durchblutung und damit die Leistungsfähigkeit der Muskeln und des gesamten Herz-Kreislauf-Systems. Wenn Sie mit dem Gedanken spielen, sich selbst ein Trainingsgerät anzuschaffen, so sollten Sie wissen, dass es viele billige und teilweise nur wenig brauchbare oder sogar gefährliche Geräte gibt. Gute und sichere Geräte sind dagegen sehr teuer. Zudem fehlt – wenn Sie zu Hause trainieren – die soziale Komponente. Den meisten Menschen macht es mehr Spaß, in Gemeinschaft zu trainieren. Schließlich haben Sie zu Hause auch niemanden, den Sie bei Problemen um Hilfe bitten können und der Sie fachkundig berät.

*Die Therapie der **Lyme-Borreliose** erfolgt bei Auftreten der typischen Hautveränderung mit speziellen Antibiotika, zum Beispiel mit Doxicyclin, und sollte vier Wochen lang durchgeführt werden. Zusätzlich werden rheumatische Beschwerden mit kortisonfreien Antirheumatika behandelt, ein entzündlicher Befall eines Gelenkes auch mit Kortisoninjektionen. In wenigen Fällen wird die Krankheit trotz ausreichender Therapie chronisch.*

VORSICHT BEI BESTIMMTEN ERKRANKUNGEN!

In bestimmten Fällen sollte MT nicht durchgeführt werden oder nur mit großer Vorsicht und in Rücksprache mit dem Arzt oder Therapeuten erfolgen. Dazu gehören

- Entzündungszeichen an Gelenken/Sehnenscheiden
- Entzündliche Muskelerkrankungen
- Instabilität der Gelenke
- Gelenkversteifung
- Schwere Osteoporose
- Wirbelbrüche
- Blockierungen an der Wirbelsäule
- Starke Muskelverkürzungen
- Schwere andere Erkrankungen, zum Beispiel an Herz oder Lunge

Gleichgewichtstraining

*Die Therapie der **Fibromyalgie** (→ Seite 18) ist ein äußerst schwieriges Kapitel. Nicht selten lässt schon die Diagnosestellung lange auf sich warten. In dieser Zeit stellen sich auf Grund der Erfolglosigkeit der Therapien häufig zusätzlich Depressionen und Ängste ein. Schmerzmittel und Antirheumatika schlagen oft nicht an oder werden nicht vertragen. Die beste Wirkung wurde mit sehr niedrig dosierten Antidepressiva erzielt, die die Entspannung und den Schlaf fördern. Noch wichtiger ist allerdings Bewegung, am besten Sport, der regelmäßig durchgeführt wird. Hilfreich ist auch Wärme, zum Beispiel ein heißes Bad, aber auch Entspannungstraining.*

Ein Training des Gleichgewichts ist enorm wichtig, damit man sich aufrecht halten und gehen kann. Nur wenn die zahlreichen Muskeln und ihre Gegenspieler im Gleichgewicht sind, werden Überlastung und Verspannung vermieden. Außerdem geraten Sie in Gefahr zu stürzen, wenn Sie das Gleichgewicht verlieren. Wenn Sie nicht auf einem Bein stehen können, beginnen die Probleme sogar schon vor dem Gehen: Sie haben Mühe, sich die Füße abzutrocknen oder in Hose und Strümpfe zu kommen.

Eine Grundvoraussetzung, um das Gleichgewicht halten zu können, ist Muskelkraft. Wie können Sie Ihre Muskelkraft und Ihr Gleichgewicht nun aber selbst trainieren? Laufen, Bewegen und jeder Sport schulen und stärken unser Gleichgewicht. Aber bitte kein Gleichgewichtstraining beim Putzen auf Leitern oder Fensterbänken!

ÜBUNGEN FÜRS GLEICHGEWICHT

- Wer unter großen Gleichgewichtsproblemen leidet, kann zunächst mit einem Sitzball üben. Versuchen Sie darauf das Gleichgewicht zu halten.
- Später versuchen Sie dann, auf einer gedachten Linie Fuß vor Fuß zu gehen, wie ein Seiltänzer.
  Stehen Sie auf einem Bein – wenn Sie unsicher sind, stellen Sie sich neben Ihr Bett oder halten sich an einem Geländer, Schrank oder Ähnlichem fest.
- Im Fachhandel sind auch flache Randscheiben einer Kugel oder spezielle Balancebretter, die wie kleine Wippen aufgebaut sind, erhältlich. Auf diesen kann man wunderbar die Balance üben, indem man versucht, verschiedene Bewegungen auszuführen.
- Wenn Sie sich unsicher fühlen, so besprechen Sie dies jedoch lieber zuerst mit Ihrer Krankengymnastin und lassen Sie sich von ihr auch weitere Übungen zeigen. Ballspiele mit sehr leichten Übungsbällen sind ebenfalls hilfreich.

Funktionstraining

Regelmäßige krankengymnastische Übungen sind das A und O bei fast allen rheumatischen Erkrankungen, egal welche Ursachen diese haben. Die Arbeitsgemeinschaften der Rheumaliga bieten fast flächendeckend für ihre Mitglieder ein so genanntes Funktionstraining an. Die Abrechnung übernehmen ehrenamtliche Mitglieder der Rheumaliga, die sich mit dem Rentenversicherungsträger beziehungsweise den gesetzlichen und privaten Krankenkassen in Verbindung setzen. Einen Teilbetrag finanzieren die Betroffenen selbst. Diese Therapieform ist effektiv und hat für die Rheumakranken einen sehr hohen Stellenwert.

Funktionstraining muss vom behandelnden Arzt auf einem speziellen Formular (für maximal sechs Monate) verordnet werden. Eine Verlängerung des Funktionstrainings ist möglich, wird aber eventuell bald nur noch insgesamt ein bis zwei Jahre lang bewilligt. Auch wenn die Betroffenen dann die Unkosten selbst tragen müssen, ist diese Möglichkeit, regelmäßig in den Genuss einer Therapie zu kommen, immer noch relativ günstig.

*Die **Arthrose** wird symptomatisch behandelt, das heißt, man kann nur etwas gegen die Beschwerden tun, da der Verlauf nicht zu stoppen und nicht wesentlich zu beeinflussen ist.*
Wichtig ist regelmäßige und schonende Bewegung, um das vorgeschädigte Gelenk mit Nährstoffen zu versorgen. Die Muskulatur sollte gut ausgebildet sein, da die Arthrose zu einer Instabilität im Gelenk führt.

Ihr Krankengymnast kann Sie auch bei der Zusammenstellung von Übungen für zu Hause unterstützen.

Bäder, Wickel & Co.

Wasseranwendungen gehören zu den sinnvollen und angenehmen Methoden, um rheumatische Beschwerden zu lindern.

*Die Wirbelsäule beginnt mit den sieben Wirbeln der Halswirbelsäule. Darunter sitzt die durch den Brustkorb recht starre Brustwirbelsäule (zwölf Wirbel) und darunter wiederum die aus fünf Wirbeln bestehende Lendenwirbelsäule. Diese geht in das dreieckige Kreuzbein über, an dem als kleiner Fortsatz noch das Steißbein hängt. Das Kreuzbein ist durch das Kreuz-Darmbein-Gelenk (**Iliosakralgelenk**) am Becken befestigt. Dieses kleine Gelenk bildet die Nahtstelle zwischen dem gesamten Oberkörper mit den Armen und dem Unterkörper mit den Beinen. Kommt es in diesem Gelenk zu einer Verwindung, spricht man von einer Blockierung, die starke Schmerzen auslösen kann.*

VORTEILE DER WASSERGYMNASTIK

- Entlastung der Gelenke und Wirbelsäule
- Ungewohnte Beweglichkeit, die sonst auf Grund der Rheumaerkrankung eingeschränkt ist.
- Entspannung der Muskulatur
- Trainingseffekt durch den Widerstand des Wassers

Wassergymnastik

Wassergymnastik ist keine »Gymnastik für Faule«, die nur im Wasser plantschen wollen, sondern ein effizientes Training für Muskelaufbau und Beweglichkeit, das noch weitere Therapieeffekte einschließt.

Nicht zuletzt wirkt warmes Wasser wohltuend für Rheumakranke. Viele, die sich sonst mühsam und mit Schmerzen an Land bewegen, begrüßen zunächst, dass sie sich unbeschwert und mit weniger Schmerzen im Wasser bewegen können. Manche Bäder haben auch Becken mit Mineralwasser, das durch seinen Salzgehalt den Auftrieb noch stärker erhöht und zusätzlich günstig auf die Haut einwirkt. Die Muskulatur kann sich in dem etwa 30 °C warmen Wasser gut lockern.

Gleichzeitig ist Wasser durch seinen hohen Widerstand ein außerordentlich gutes Trainingsgerät: Schnelle Übungen erfordern im Wasser mehr Kraft als auf dem Trockenen.

Entgegen einem weit verbreiteten Irrtum ist 30 bis 32 °C warmes Wasser bei Venenleiden nicht nur unschädlich, sondern die Bewegungsübungen und der Wasserdruck (der quasi wie ein Stützstrumpf wirkt) lindern auch die Schmerzen.

Aquajogging

Aquajogging wurde ursprünglich für den Leistungssport entwickelt. Weil es die Gelenke der Beine entlastet und gleichzeitig einen hohen Übungswiderstand bildet, trainieren sogar Marathonläufer mit dieser Methode. Dadurch erzielen die Läufer in kürzerer Zeit bessere Trainingseffekte, als sie dies allein auf der Laufstrecke schaffen würden.

Heute wenden Woche für Woche Tausende von Rheumakranken Aquajogging an. Man unterscheidet dabei das Joggen in brust- beziehungsweise hüfttiefem Wasser und das Joggen in tiefem Wasser, bei dem man keinen Bodenkontakt mehr hat und deshalb einen Auftriebsgürtel benutzt. Bei der zweiten Variante trainiert man zusätzlich die Bauchmuskeln und das Gleichgewicht.

Bandscheibenverschleiß und eine Abnahme des Flüssigkeitsgehaltes im Gelenk lassen die Bandscheiben dünner werden, ein naturgemäßer Vorgang ab dem 35. Lebensjahr. Dadurch entwickeln sich Knochenanbauten an den Wirbelkörpern – die ***Spondylose*** *– und an den so genannten kleinen Wirbelgelenken zwischen den seitlichen Wirbelfortsätzen die* ***Spondylarthrose****. Beide Erkrankungen können die Beweglichkeit einschränken und deutliche Schmerzen verursachen.*

Heilbäder und Packungen

Neben der Gymnastik im Wasser im weitesten Sinn gibt es noch spezielle Heilbäder, die der Balneologie, der Bäderheilkunde, zugeordnet werden.

Dazu gehören die Thermalbäder, die schon warm aus der Erde kommen, Mineralbäder (vor allem solehaltige Bäder) und schwefel-, jod-, eisen-, fluorid-, kohlendioxid- und radonhaltiges Wasser. Neben den Bädern werden auch so genannte Peloid-Packungen zur Überwärmung angewendet. Die Wärmeträger bestehen aus natürlichen Substanzen und haben selbst heilsame Eigenschaften. Bekannt sind hier vor allem Moor, Meerschlick und Fango.

Die Wirkung dieser Bäder und Packungen besteht zum einen in der Überwärmung, die durch das Peloid oder Bad selbst, aber auch durch deren Inhaltsstoffe (Schwefelwasserstoff erweitert die Gefäße) hervorgerufen wird.

Zum anderen führen die Schwefelbäder auch eine Schmerzlinderung herbei, die in Bad Nenndorf vor zwei Jahren erstmals von einem Forscherteam wissenschaftlich nachgewiesen werden konnte.

Weitere physikalische Therapien

Es gibt viele Therapieformen, die auf den Körper einwirken und Linderung oder Heilung bei vielen Leiden bringen.

Rehabilitation

Mit dem Begriff Rehabilitation - früher »Heilverfahren«, noch früher »Kur« genannt - bezeichnet man eine sehr intensive, auf das Krankheitsbild abgestimmte, umfassende Behandlung, bei der Therapiemaßnahmen für den Körper im Vordergrund stehen.

Das beste Mittel gegen Beschwerden im gesamten Rückenbereich ist eine kräftige Muskulatur, die die Wirbelsäule stabil hält. Rückenstärkende Gymnastik ist deshalb das A und O jeder Behandlung von Rückenschmerzen.

Das Konzept war von Anfang an ganzheitlich ausgerichtet und beinhaltete ernährungsmedizinische Gesichtspunkte, Entspannungsverfahren, psychologische Therapien, Information und Patientenschulung sowie soziale und berufliche Beratung.

Während die Stärken der Akutmedizin und Akutkliniken in der Bewältigung lebensbedrohlicher Zustände, akuter Leiden und notwendiger Operationen liegen, ist die Rehabilitation für die Behandlung chronischer Erkrankungen, insbesondere im Bereich des Bewegungsapparates, zuständig.

Die Rehabilitation war anfangs eine stationäre Maßnahme und wurde von den Rentenversicherungsträgern (RV) gestaltet.

Heute haben sich die Vorgaben von Krankenkassen und Rentenversicherungsträgern angeglichen. Inzwischen gibt es auch die wohnortnahe Rehabilitation, bei der die Patienten zu Hause übernachten können. Von den Krankenkassen wird diese Rehabilitation ambulant, von den Rentenversicherungsträgern teilstationär genannt.

Eine besondere Form der Rehabilitation ist die Anschluss-Rehabilitation (AR), die direkt an einen stationären Krankenhausaufenthalt angeschlossen wird und diesen verkürzen soll (zum Beispiel nach dem Gelenkersatz in der Hüfte). Zwischen einem Krankenhausaufenthalt und der Rehabilitation dürfen maximal 14 Tage liegen.

Massagen

Massagen werden am häufigsten als klassische Massagen am Rücken durchgeführt und lockern die Muskulatur. Mit streichenden, knetenden, ziehenden und klopfenden Griffen wird die Durchblutung der Muskulatur gesteigert. Dann kann die Muskulatur entspannt werden und Verhärtungen lösen sich. Bei der Bindegewebsmassage arbeitet der Masseur vorwiegend an der Haut, der Unterhaut und den Faszien (Muskelhaut). Er lockert verquollenes Gewebe auf und versucht auf weitere Organe einzuwirken. Je nach Befund kann die Behandlung recht schmerzhaft sein.

Größere Muskelgruppen werden häufig mit einer Unterwasserdruckstrahlmassage behandelt. Allerdings kann der Masseur dabei den Druck nicht so genau dosieren wie bei den Trockenverfahren. Die Methode wird gerne bei erheblicher Übergewichtigkeit oder starker Rückenbehaarung angewendet.

Auch die Lymphdrainage gehört zu den Massagetechniken. Diese sehr behutsame Behandlung von Stauungszuständen, die zum Beispiel nach Operationen auftreten, ist sehr zeitaufwändig, kann aber gute Erfolge bringen. Am Ende der Behandlung werden Arme beziehungsweise Beine mit spezieller Wickeltechnik bandagiert.

Durch ständige Rückenschmerzen entwickeln sich häufig Fehlhaltungen des Körpers, weil er versucht dem Schmerz »auszuweichen«. Dadurch werden manche Muskelpartien stark verkürzt, andere dagegen überdehnt. Gezielte Massage und Gymnastik hilft, die Muskulatur wieder ins Gleichgewicht zu bringen und die Fehlhaltung zu beseitigen.

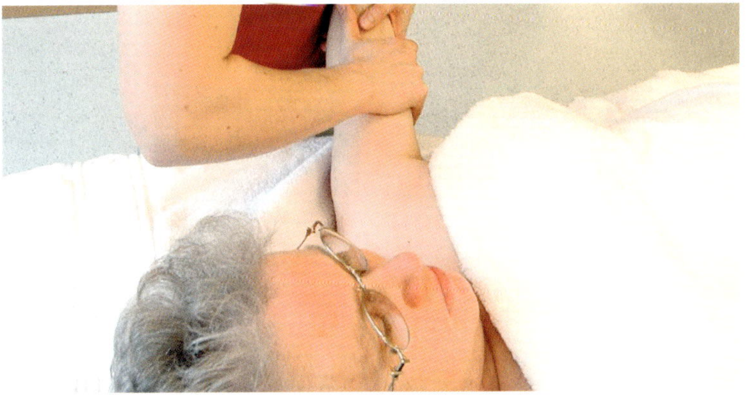

Massagen gehören zu den Anwendungen, die verspannte Muskulatur wirksam lockern und so den Schmerz lindern.

Elektrotherapie

Die Elektrotherapie hat heute nicht mehr einen so hohen Stellenwert wie in vergangenen Zeiten, doch ist sie bei manchen Problemen nach wie vor sehr hilfreich. Die Behandlung erfolgt dabei mit unterschiedlicher Stromfrequenz und Modulation. Sie erzielt drei wichtige Wirkungen:

Sie müssen viele Medikamente, auch Schmerzmittel, nehmen? Sprechen Sie mit Ihrem Arzt über Alternativen. Häufig lässt sich durch eine naturheilkundliche Behandlung der Schmerzmittelkonsum verringern.

- Schmerzlinderung
- Muskelanregung
- Gewebeerwärmung

Zusätzlich tritt meist auch eine Muskelentspannung ein.

Bei der Behandlung mit Gleichstrom kann die Schmerzlinderung durch eine so genannte Iontophorese verstärkt werden. Dabei werden Medikamente unter den Pol mit gleicher Ladung gegeben, sodass es zu einer Ionenwanderung kommt. Dadurch können die Medikamente besser in oberflächliches Gewebe eindringen. Im Stangerbad – einem hydroelektrischen Bad, bei dem die Wirkung des Wassers mit der des Stroms kombiniert wird – können die Elektroden bei aufsteigender Stromrichtung anregend, bei absteigender Richtung dagegen eher beruhigend wirken. Zudem entspannen sich im warmen Wasserbad die Muskeln.

Die Therapie mit nieder- und mittelfrequentem Wechselstrom bezeichnet man auch als Reizstrombehandlung. Dazu zählt unter anderem die TENS-Behandlung (transkutane elektrische Nervenstimulation). Die Apparatur ist dabei auf die Größe einer Zigarettenschachtel verkleinert, der Patient kann sich auch mehrmals täglich selbst behandeln.

Bei der Hochfrequenztherapie wird vor allem Wärme erzeugt, je nach Frequenz kann sie auch in die Tiefe gebracht werden.

ACHTUNG!

Die Hochfrequenztherapie darf nicht bei Metallteilen im Körper angewendet werden (Platten, Schrauben, Nägel von Brücken etc.).

Thermotherapien

Wie Sie Wärme und Kälte selbst zur Therapie anwenden können, erfahren Sie im Kapitel »Wärme und Kälte« (→ Seite 45 ff.), auch weiter vornebeim Abschnitt »Bäder, Wickel & Co.« (→ Seite 74) finden Sie einiges zu diesem Thema.

Bei hoch entzündlichen Rheumaerkrankungen, aber auch bei akuten Rückenschmerzen und bei Fibromyalgie zeigt die Ganzkörperkältetherapie oft erstaunliche Wirkung. Die Behandlung erfolgt in einer etwa saunagroßen Kammer, die über Kältemaschinen auf -65 °C bis -110 °C gekühlt wird. Da es sich um trockene Kälte handelt, können sie die Behandelten für zwei bis drei Minuten gut ertragen. Danach fühlen sich die Patienten meist wesentlich beweglicher und frischer, einige empfinden den Wärmestrom, den der Körper als Reaktion auf die Kälte erzeugt, als angenehmste Wirkung.

Örtliche Schmerz- und Reizzustände lassen sich auch durch Ultraschallbehandlung lindern.

Wissenschaftler sehen die Hauptwirkung in einer Blockierung der Schmerz- und Temperatur-Nervenbahnen, möglicherweise auch in einer Beeinflussung des Immunsystems. Zur Kältetherapie einzelner Gelenke wird auch Kaltluft aus kleinen mobilen Maschinen verwendet.

Schwimmen in angenehm warmer Umgebung kräftigt die Muskulatur und entspannt zugleich.

Osteopathie

Vor knapp 150 Jahren entwickelte der amerikanische Arzt Andrew Taylor Still (1828 bis 1917) ein Konzept zur Behandlung krankhafter Störungen, das auf einer engen Verbindung zwischen dem Muskel-Skelett-System und anderen Organen basiert. In den USA ist die Osteopathie heute eine eigenständige Ausbildungsrichtung an medizinischen Universitäten.

Physikalische Therapien aller Art können bei rheumatischen Erkrankungen viel bewirken. Sie fördern in der Regel die Beweglichkeit und verbessern das allgemeine Wohlbefinden ganz entscheidend.

Im Vergleich zur manuellen Therapie ist die Osteopathie weich und sanft und behandelt durch Muskelenergietechniken mit einem gezielten Wechsel von Muskelanspannung und -entspannung.

Die kranio-sakrale Therapie, ein Teilbereich der Osteopathie, versucht über die Behandlung der Schädelknochen und des Kreuzbeins Fehlfunktionen zu beeinflussen. Nennen Sie dem Osteopathen (→ Anhang, Seite 122) unbedingt alle Ihre Erkrankungen!

Die osteopathische Medizin behandelt durch

- mobilisierende Muskeltechniken,
- Manipulation (Handgriffe zum Lösen von Blockierungen an Wirbelsäule und Gelenken),
- myofasziale Techniken (zur Beeinflussung der Gewebespannung),
- viszerale Techniken (zur Beeinflussung der Beweglichkeit der inneren Organe untereinander) und
- kranio-sakrale Techniken.

Reflexzonenmassage

Ähnlich wie die Akupressur (→ Seite 82) geht die Reflexzonenmassage von der Vorstellung aus, dass der Körper von Energiebahnen durchzogen wird.

Bei Krankheiten, Verletzungen oder Stress wird der Energiefluss in diesen Bahnen gestört. Diese Energieblockaden können durch Massagen gelöst werden, die den Energiefluss harmonisieren und die körpereigenen Selbstheilungskräfte anregen.

Jedem Organ und jedem Körperteil ist im Bereich der Fußsohlen eine Zone zugewiesen, die über Energiebahnen mit den korrespondierenden Organen verbunden ist. Schon durch leichtes, tägliches Massieren der Fußsohlen wird der Energiefluss in den Reflexzonen gefördert. Auch beim Barfußlaufen werden die Reflexzonen angeregt, ebenso durch Sandalen mit massierenden Gumminoppen.

Wenn Sie Ihre Fußsohlen selbst massieren, so üben Sie mit den Daumenkuppen sanften Druck aus.

Durch die Selbstbehandlung, zum Beispiel durch eine Eigenmassage, kann sich das Bewusstsein für die Abläufe im eigenen Körper verbessern. Das hilft Ihnen zu merken, welche Bewegungsabläufe Sie meiden sollten und was Ihnen gut tut.

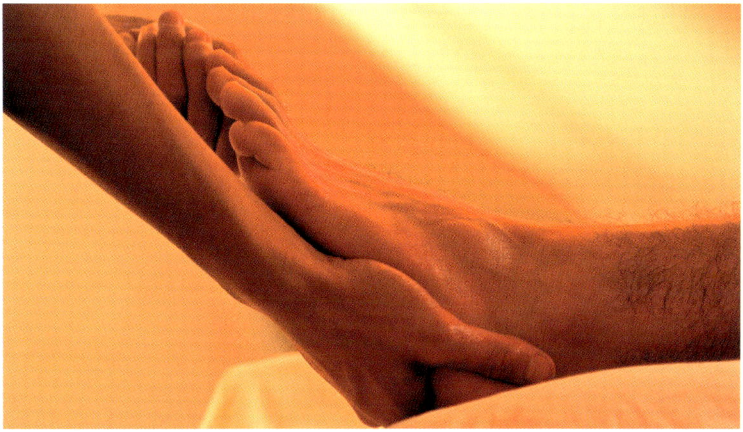

Die Stimulation bestimmter Punkte an den Füßen kann maßgeblich zur Linderung von Beschwerden beitragen.

Kinesiologie

Bei der Kinesiologie handelt es sich um ein Verfahren, das der amerikanische Chiropraktiker Goodheart vor 50 Jahren entwickelte, um blockierte Energie wieder frei fließen zu lassen und den Körper damit wieder ins Gleichgewicht zu bringen.

Am Anfang der Behandlung stehen Muskeltests, dann erfolgen Massagen bestimmter Reflexpunkte im Sinne der Kinesiologie.

Da der Begriff »Kinesiologie« nicht geschützt ist, ist die Qualität der Behandlungen sehr unterschiedlich. In Deutschland versucht die DGAK einen gewissen Qualitätsstandard zu sichern (→ Anhang, Seite 121).

Lichttherapie

Licht ist enorm wichtig und seine unterschiedliche Dosierung und Intensität in Europa führt vielleicht wirklich dazu, dass Südländer in der Regel lustiger, positiver und lockerer sind als die Menschen im Norden. In unserem Körper sprechen sehr viele Regelsysteme auf Licht an, die nicht nur für den Tag-Nacht-Rhythmus, sondern auch für die Ausschüttung zahlreicher Hormone zuständig sind. So bilden Licht und Sonne zum Beispiel in unserer Haut Vitamin D und sind vermutlich auch für eine gewisse Resistenz gegen depressive Stimmungen – vor allem im Winter – verantwortlich.

Also gönnen Sie sich bewusst und gerade in der dunklen Jahreszeit etwas Licht, vielleicht sogar ein künstliches Sonnenbad. Wenn Sie unter entzündlichem Rheuma leiden oder starke Rheumamedikamente nehmen, so sprechen Sie aber bitte vorher mit Ihrem Hausarzt.

Akupunktur ist wie die Akupressur ein Bestandteil der Traditionellen Chinesischen Medizin (TCM). Diese Heilkunde geht davon aus, dass es in unserem Körper Energieleitbahnen, die so genannten Meridiane, gibt. Über gewisse Punkte auf diesen Meridianen wird der Energiefluss im Körper beeinflusst. Ziel des Verfahrens ist ein harmonisches Gleichgewicht im Körper. Die Beeinflussung der Meridian-Punkte erfolgt bei der Akupunktur durch das Einstechen von Nadeln, bei der Akupressur durch Fingerdruck.

Traditionelle Chinesische Medizin

Auch Verfahren aus der Traditionellen Chinesischen Medizin werden erfolgreich zur Linderung von Beschwerden eingesetzt.

Akupunktur

Akupunktur ist eines der Verfahren, die zur Traditionellen Chinesischen Medizin (TCM) gehören.

Die Körperakupunktur entwickelte sich über einen Zeitraum von mehr als 100 Jahren in vorchristlicher Zeit in China. Bei dieser Methode werden die auf den Meridianen liegenden Akupunkturpunkte zur Diagnose und zur Therapie verwendet, um dem Körper Energie (Qi) zuzuführen, aber auch um ihm Energie wegzunehmen. Dadurch wird ein Ungleichgewicht zwischen Yin (das Weibliche) und Yang (das Männliche), Kälte und Hitze, Mangel und Überfluss ausgeglichen.

Die Ohr-Akupunktur dagegen wurde in Europa entwickelt und erst in den letzten Jahrzehnten nach China exportiert. Sie geht davon aus, dass die Körperregionen in der Ohrmuschel abgebildet werden. Mit dieser Methode werden auch Allgemeinbefinden und seelische Störungen beeinflusst.

Noch in den letzten Jahrzehnten war Akupunktur häufig eine Glaubensfrage, doch inzwischen haben zahlreiche Studien ihre Wirksamkeit bewiesen. Im Jahr 2004 wurde eine Untersuchung veröffentlicht, die hohe wissenschaftliche Anforderungen erfüllt und ebenfalls die Wirksamkeit der Methode betätigt.

Akupressur

Der Begriff »Akupressur« setzt sich aus zwei lateinischen Wörtern zusammen: »Acus« bedeutet »Nadel, Spitze, Punkt«. »Pressum« heißt »gedrückt«. Sie können es also mit »Punktdrücken« oder »Druckpunktmassage« übersetzen.

Auch die Akupressur greift auf die Akupunkturpunkte zurück, die bei dieser Methode in Form einer gezielten Drucks mit den Fingern etwa drei Minuten stimuliert werden.

Ein für die Selbstbehandlung wichtiger Punkt liegt neben der Falte zwischen Daumen und Zeigefinger. Wird der Daumen seitlich an den Zeigefinger gezogen, wölbt sich neben dem Daumengrundglied in Richtung Zeigefinger ein Muskelhügel, auf dessen höchster Stelle der Punkt Di 4 (Dickdarmmeridian) liegt. Wird diese Stelle mit dem Daumen massierend gedrückt, beeinflusst dies Schmerzen im gleichseitigen Ellbogen-, Schulter-, Nacken- und Hinterkopfbereich günstig.

Auf die gleiche Weise können Beschwerden im Bereich des Kreuzes und der Beine gelindert werden. Suchen Sie den Punkt GB 30 (Gallenblasenmeridian). Diesen höchsten Punkt des Oberschenkelknochens finden Sie direkt hinter dem Gelenkknopf (Hüftkopf) am Gesäßmuskel. Durch eine Massage an dieser Stelle können Sie Beschwerden in Knie und Fuß lindern.

Bei der Behandlung von rheumatischen Beschwerden durch Akupunktur steht die Schmerzlinderung im Vordergrund. Gegen den Gelenkverschleiß und die Abnutzung kann Akupunktur nicht helfen – diese Vorgänge können nicht rückgängig gemacht werden. Wir können nur versuchen, die Folgen des Verschleißes zu mindern und durch Kräftigung der Muskulatur den weiteren Abbau aufzuhalten.

Homöopathie und verwandte Verfahren

Die Homöopathie basiert auf den Ähnlichkeitsregeln von Samuel Hahnemann (1755 bis 1843). Entsprechend seinem Dogma wird eine Krankheit mit geringsten Dosen derjenigen Substanz behandelt, die in hohen Dosen eine ähnliche Erkrankung oder ähnliche Symptome auslösen kann. Die Behandlung erfolgt mit extremen Verdünnungen (Potenzen) der entsprechenden Substanz in Form von Tropfen oder Kügelchen.

Die Natur ist reich an Pflanzen, die bei der Linderung von rheumatischen Beschwerden helfen können. Machen Sie sich diesen Reichtum zunutze.

Im Bereich der rheumatischen Erkrankungen ist hauptsächlich bei Arthrosen und Weichteilrheuma eine lindernde Wirkung zu erwarten.
So haben sich bei der homöopathischen Behandlung rheumatischer Erkrankungen zum Beispiel die folgenden Substanzen bewährt:

- Rhus toxicodendron D4, auch D12
- Ledum pallustre D4
- Bryonia cretica D4
- Strychnos nux vomica D6

Diverse homöopathische Kombinationspräparate gegen Rheuma sind im Handel erhältlich.

Bachblütentherapie

Dr. Edward Bach (1886 bis 1936) war ein Londoner Arzt, der sich aus Unzufriedenheit mit den herkömmlichen Heilmethoden um natürliche Verfahren bemühte. Insbesondere wollte er damit auch die Seele beeinflussen. Dabei fand er 38 Pflanzen, deren Essenzen er mit der »Sonnen-Methode« herstellte.
Ziel der Therapie ist eine Harmonisierung negativer Gemütsstimmungen einer Person, die ihre geistig-seelische Entfaltung behindern und körperliche Krankheiten auslösen können. Gesteigerte Selbsterkenntnis und Selbstentfaltung leiten nach Bachs Auffassung schließlich die Selbstheilung ein.

Heilpflanzen und Phytotherapie

Unter Phytotherapie versteht man die Behandlung mit Heilpflanzen. In den vergangenen Jahrhunderten war dies die einzige Möglichkeit einer medikamentösen Therapie. Wie sorgsam sie gepflegt wurde, zeigen uns noch heute die Klostergärten.

Heute benutzen wir viele chemische Medikamente, deren wirksame Inhaltsstoffe der Natur abgeschaut wurden. Beispiele hierfür sind die Digitalispräparate (Fingerhut) für Herzkranke, die Atropintropfen zum Erweitern der Pupillen beim Augenarzt oder Penicillin. Und wie vor 3000 Jahren wird auch heute noch das Gift der Herbstzeitlosen, das Colchicin, zur Behandlung eines akuten Gichtanfalls verwendet.

Wenn Sie nach Heilmitteln suchen, die weitgehend nebenwirkungsarm sind, stehen die pflanzlichen Heilmittel an oberster Stelle. Sie eignen sich oft zur Selbstbehandlung bei leichten Schmerzen oder vorübergehenden Beschwerden. Ein Blick in Großmutters Hausrezepte ist also durchaus empfehlenswert.

Dass Naturpräparate weniger gefährlich als »chemische Medikamente« sind, ist ein Irrglaube, wie die obigen Beispiele zeigen. Auch bei der Anwendung von pflanzlichen Heilmitteln kann es zu einer Allergie, einer Überdosierung oder Nebenwirkungen kommen.

Bei zahlreichen Pflanzenpräparaten wurde eine gewisse Wirkung bei rheumatischen Erkrankungen nachgewiesen, doch war diese meist wesentlich geringer als die Wirkung der für rheumatische Erkrankungen intensiv getesteten chemischen Medikamente. Zu diesen Pflanzenpräparaten zählen die in den folgenden Abschnitten näher beschriebenen Pflanzen.

Beinwell

Die Beinwell-Pflanze, deren Name schon auf ihre positive Wirkung hindeutet (Bein = veraltetes Wort für Knochen), kommt in den gemäßigten Breiten Europas und Asiens vor.

Wirksame Stoffe sind insbesondere Allantoin und Cholin, die auch in der Eisenhutknolle vorkommen. Sie werden örtlich als Salbe bei Verstauchungen, Zerrungen und schmerzhaften Verspannungen angewendet.

Johanniskraut

Sind Sie wegen einer chronischen Erkrankung ständig in ärztlicher Behandlung, sollten Sie auch den Einsatz von Naturheilmitteln mit Ihrem Arzt abstimmen. Pflanzen enthalten sehr wirksame Inhaltsstoffe, die unter Umständen Ihre sonstigen Medikamente beeinflussen könnten.

Das Johanniskraut steht um »Johanni«, dem 24. Juni, in voller Blüte und wird traditionell mit Licht und Sonne in Verbindung gebracht. Licht und Sonne soll die Pflanze auch in das Gemüt schwermütiger Menschen bringen. Diese seit Jahrhunderten bekannte stimmungsaufhellende Wirkung konnte auch in wissenschaftlichen Untersuchungen bestätigt werden.

Die Präparate zur innerlichen Anwendung werden aus getrockneten Sprossspitzen gewonnen. Neben ätherischen Ölen bestimmen Hyperosid und andere Pflanzensäuren ihre Wirkung.

Auch bei leichten Schlafstörungen sind Johanniskraut-Präparate sehr wirksam. Allerdings verstärkt Johanniskraut die Lichtempfindlichkeit der Haut.

Die Kräuterbeete der Klostergärten dienten nicht kulinarischen Zwecken, sondern stellten den Menschen wirksame Heilmittel zur Verfügung.

Teufelskralle

Die Teufelskralle steht als Naturarznei hoch im Kurs. Ihren Namen bekam sie, weil sie sich wie eine Klette an Tieren festhakt und sich dadurch verbreitet.

Der Hauptwirkstoff der aus Süd- und Südwestafrika stammenden Pflanze ist das Harpagosid, das aus den Speicherwurzeln gewonnen wird. Diesem Wirkstoff konnte auch experimentell eine gewisse antientzündliche Wirkung nachgewiesen werden.

Weidenrinde

Weidenrinde war der Vorläufer des Aspirins®. Weidenrindenpräparate, die vor allem den Wirkstoff Salicin enthalten, wirken als ASS-Vorstufe, werden im Körper zu Salicylsäure umgebaut und können dann Schmerzen lindern.
Weidenrinde-Präparate wurden in den letzten zwei Jahrzehnten neu aufgelegt, sind aber (in gleich wirksamen Dosen) nicht verträglicher als die Acetylsalicylsäure (ASS) oder die später entwickelten kortisonfreien Antirheumatika. Und sie haben nicht die blutgerinnungshemmende Wirkung der Acetylsalicylsäure.

Weihrauch

Weihrauch ist in den Präparaten H 15® und Sallaki® enthalten. In der altindischen ayurvedischen Medizin wurden Weihrauchpräparate traditionell gegen Rheuma angewandt. Das Harz des Weihrauchbaumes enthält als Hauptwirkstoffe Boswelliasäuren, die eine kortisonähnliche Gestalt und offensichtlich auch eine entzündungshemmende Wirkung haben. Diese konnte nicht nur im Laborexperiment, sondern auch bei der klinischen Anwendung bestätigt werden.

Bei Irritationen der Haut, die häufige Begleiterscheinung bei rheumatischen Erkrankungen sind, können Gels, Salben, Cremes und Tinkturen aus Heilpflanzenextrakten Linderung verschaffen. Ringelblumen- und Arnikasalbe sind wohl die bekanntesten Beispiele dafür.

Rosmarin

Rosmarin ist nicht nur als Gewürz zu empfehlen, mit Rosmarintee oder einem Rosmarinbad lässt sich auch Rheuma behandeln. Für einen Rosmarintee übergießen Sie 1 Teelöffel Rosmarinblätter mit einer Tasse kochendem Wasser und lassen dies fünf Minuten zugedeckt ziehen. Abseihen und jeweils vor den Mahlzeiten trinken (maximal drei Tassen pro Tag).
Für ein Rosmarinbad kochen Sie 50 Gramm Rosmarinnadeln kurz auf und lassen sie dann 30 Minuten ziehen. Danach geben Sie den Sud durch ein Sieb ins Badewasser.
In Apotheke und Reformhaus sind auch rosmarinhaltige Öle und Salben erhältlich, die der täglichen Hautpflege dienen.

Weitere nützliche Pflanzen

Zitterpappel, Goldrutenkraut und Eschenrinde haben allesamt eine sehr geringe entzündungshemmende Wirkung. Sie sind in dem Präparat Phytodolor® enthalten.

Außerdem haben die folgenden Substanzen bei äußerer Anwendung eine leichte antientzündliche Wirkung: Arnikaöl, Citronellöl, Eukalyptusöl, Fenchelöl, Kampfer, Latschenkieferöl, Lavendelöl, Muskatöl, Nelkenöl, Pfefferminzöl, Thymianöl, Zimtöl und Wacholderöl.

Werden Sie misstrauisch, wenn Wunderheiler Ihnen das »Blaue vom Himmel« versprechen. Viele rheumatische Erkrankungen sind chronisch, von ständigen Beschwerden begleitet und können nie völlig geheilt werden. Viele Menschen, die Ihnen aber genau das versprechen, haben es nur auf Ihren Geldbeutel abgesehen!

Auf Capsaicin aus Cayennepfeffer als Wirkstoff des überwärmenden ABC-Pflasters wurde schon hingewiesen. Ähnlich wirken Senföl und Bienengift. Dessen Wirkstoffe Melittin, Hyaluronidase und Histamin sind auch in Arthrosesalben zu finden. In seltenen Fällen können diese Stoffe allerdings sehr starke allergische Reaktionen auslösen.

Unkonventionelle Verfahren

Die klassischen Naturheilverfahren umfassen die Hydrotherapie (Wassertherapie), die Thermotherapie, Massagen, Phytotherapie und die Ernährungstherapie, die allesamt auch in der Schulmedizin angewandt werden.

Die Ordnungstherapie soll Harmonie und Ordnung zwischen Körper, Geist und Seele bringen und würde heute der psychotherapeutischen Beratung nahe stehen.

Wenig verwendet werden die »ausleitenden Verfahren«, die mittels Aderlass, Schröpfen, Blutegel-Therapie und schweißtreibenden Mitteln »schlechte Säfte« aus dem Körper entfernen sollen.

Wichtiges Element der klassischen Naturheilverfahren ist ein ganzheitliches Denken und eine Aktivierung der Selbstheilungskräfte. Massive Eingriffe in die natürlichen Regulationsabläufe sollen vermieden werden, stattdessen werden die körpereigenen Regulationskräfte angeregt.

Bei der Blutegel-Therapie wird dem Körper nicht nur Blut entzogen, auch die Blutgerinnung wird gehemmt, da die Egel den Wirkstoff Hirudin in das Blut abgeben. Dieser Aderlass soll eine heilsame Wirkung auf degenerative und entzündliche Erkrankungen der Bewegungsorgane haben. Innerhalb von einer halben bis eineinhalb Stunden saugt der Egel, der in der Nähe der Schmerzstelle angelegt wird, etwa zehn Milliliter Blut. Da die Blutgerinnung gehemmt ist, verliert die Wunde in den nächsten Stunden noch zusätzlich 20 bis 40 Milliliter Blut. Menschen mit Blutarmut oder Gerinnungsstörungen sollten diese Methode keinesfalls anwenden. Das Gleiche gilt für Menschen mit entzündlich-rheumatischen Erkrankungen, da hier sowieso oft Blutarmut besteht. Die Tiere werden nur einmal verwendet und anschließend mit Alkohol getötet. An den Bissstellen kann es kleine Narben geben.

Sie sind Ihr bester Maßstab. Haben Sie ein Verfahren für sich entdeckt, das Ihnen wirklich gut tut, bleiben Sie dabei!

Zu den wissenschaftlich nicht anerkannten Therapien gehören die Frischzellentherapie (die auf Grund der Gefahr lebensbedrohender Nebenwirkungen auch stark eingeschränkt wurde), Magnetfeldtherapie, Elektroakupunktur, Ozontherapie, Bioresonanzverfahren und die Sauerstofftherapie.
Höchst suspekt sind Verfahren wie die Irisdiagnostik, Astromedizin, Magnettherapie sowie die Fernbehandlung mit Reiki.

Die Wahl des richtigen Arztes oder Therapeuten ist für Sie von größter Wichtigkeit. Vertrauen ist die Basis jeder erfolgreichen Behandlung.

Psychologische Therapieverfahren

Was kann die Psychologie für Sie als Rheumapatient tun? Im Grunde geht es darum, Ihnen zu helfen, zu Ihren Gefühlen zurückzufinden und zu sich zu finden. Schmerz und Verspannungen, Leiden und Sorgen rauben uns manchmal so viel Kraft, dass – um mit einem Bild zu sprechen – sich der innere Kompass, der uns sagt, was wir wollen, was wir brauchen und was uns gut tut, nur noch im Kreise dreht.

Mit einigen Stunden Therapie kann sich viel verändern: Zuhören, Spiegeln, Beraten, das Üben und schließlich das Überwinden von Situationen, die Ängste auslösen, verhelfen uns zu einem besseren seelischen Zustand. Nicht nur Ratlosigkeit, Traurigkeit und Verzweiflung lassen nach, auch Schmerzen und Beschwerden, die mit diesen Sorgen verbunden waren, werden gelindert.

Kombinierte Schmerzbewältigungsprogramme, die über Strategien zur Schmerzbewältigung informieren und in denen gleichzeitig Entspannung geübt wird, sind eine weitere Therapiemöglichkeit.

Schmerz entsteht häufig durch eine zu hohe Spannung in der Muskulatur, die ihren Grund in unserer angespannten Psyche hat. Da Anspannung und Entspannung in einem Wechselverhältnis stehen, können Entspannungsverfahren helfen, psychische und physische Spannung zu lösen.

SELBSTWERTGEFÜHL IST WICHTIG

Gut für das Selbstwertgefühl sind:

- Vertrauen auf die eigenen Fähigkeiten
- Ausreichende Hilfe durch andere Menschen
- Erkennen eigener Fehler und Schwächen
- Das Gefühl, zielgerichtet handeln zu können

Schlecht für das Selbstwertgefühl sind:

- Häufige Kritik, vor allem wenn sie ungerechtfertigt ist
- Sich unverstanden fühlen
- Sich abgewertet vorkommen
- Sich vernachlässigt fühlen

Operationen

Insbesondere wenn die Basistherapie mit Medikamenten an einzelnen Gelenken nicht anspricht oder nicht durchführbar ist, wird bei Gelenkentzündungen eine Synovektomie durchgeführt. Darunter versteht man ein Ausschälen der entzündlich veränderten Gelenkinnenhaut. Der gleiche Eingriff an entzündeten Sehnenscheiden wird Tenosynovektomie genannt und wird vor allem an Händen und Füßen durchgeführt.

Wenn das Hüftgelenk von Geburt an eine schwach ausgebildete Pfanne aufweist oder am Knie nur eine innen- oder außenseitige Arthrose vorliegt, kann eine operative Kippung (Umstellung) der entsprechenden Knochen erfolgen, um die Gelenkfunktion zu verbessern und zu erhalten. Dabei wird ein keilförmiges Knochenstück ausgeschnitten, dann wird der Knochen mit einer Metallkrampe stabilisiert, bis die Schnittflächen miteinander verwachsen sind.

Jeder operative Eingriff birgt ein gewisses Risiko des Fehlschlags, ist aber häufig die einzige Möglichkeit, die Mobilität zu erhalten. In jedem Fall muss nach einer Operation die Beweglichkeit durch Krankengymnastik wiederhergestellt und gefördert werden.

Bevor es zu einer Operation mit einem totalen Gelenkersatz kommt, wird – heute seltener als noch vor zehn Jahren – ein Teilersatz, zum Beispiel in Form einer Schlittenprothese am Knie, angestrebt.

Ersatz der Hüft- und Kniegelenke

Der totale Kunstersatz des Hüft- und Kniegelenkes ist heute die häufigste orthopädische Operation. Die Notwendigkeit einer Operation ergibt sich aus der Behinderung, der Bewegungseinschränkung und den Schmerzen. Vorher müssen alle nicht operativen Therapien ausgeschöpft sein. Zusätzlich muss der Röntgenbefund deutliche Arthrosezeichen zeigen. Heute wird in der Regel früher operiert als noch vor 10 oder 15 Jahren, da es zu Muskelabbau, Muskelschrumpfung und Muskelverkürzung (Kontrakturen) kommen kann, wenn man zu lange wartet. Damit ist auch der Gebrauch des neuen Gelenks von vornherein von

Problemen belastet. Günstige Voraussetzungen für den Erfolg einer Endoprotheseoperation sind:

- Gute Operationsfähigkeit, das heißt ein ausreichend guter Allgemeinzustand
- Befall möglichst nur eines einzigen Gelenkes
- Gute Knochenqualität
- Große Erfahrung des Operateurs

Eine Diagnosemöglichkeit, um den Zustand eines Gelenks beurteilen zu können, ist die Arthroskopie. Diese Gelenkspiegelung ist eine endoskopische Untersuchung des Gelenkinnenraums mit einer kleinen Sonde, in die eine winzige Kamera eingebaut ist. Der Arzt oder Operateur sieht das Innere des geschädigten Gelenks in Vergrößerung und kann danach den wirklichen Zustand und zum Beispiel die Notwendigkeit einer Operation besser beurteilen.

Sind Hüft- und Kniegelenk betroffen, wird in der Regel zuerst das Hüftgelenk operiert. Zahlreiche Größen, Modelle und Prothesenkomponenten lassen heute fast eine maßgeschneiderte Endoprothesenversorgung zu. Wenn die Gelenkumgebung, insbesondere die Bänder, gut erhalten ist, können die Prothesen auch unter sehr geringer Knochenabtragung als so genannter Oberflächenersatz eingesetzt werden. Dies ähnelt der Zahnüberkronung beim Zahnarzt.

Jüngere Patienten erhalten in der Regel eine zementfreie Prothese, in deren raue Oberfläche der Knochen einwächst. Sie darf anfangs jedoch nur vorsichtig belastet werden. Bei älteren Patienten hat die einzementierte Prothese den Vorteil, dass der Knochen sofort voll belastet werden kann.

Nach der Implantation einer Totalendoprothese des Hüft-, Knie- oder (noch selten) Sprunggelenkes folgt meist eine stationäre oder ambulante Rehabilitationsbehandlung, in der die Patienten nicht nur das Gehen (vorerst an Gehstützen), sondern auch den richtigen Umgang mit dem künstlichen Körperteil erlernen. Dies ist wichtig, da auf die Prothesen Kräfte einwirken, die das Körpergewicht mehrfach überschreiten können. So wirken zum Beispiel Kräfte von bis zu 700 Kilogramm auf die Prothese ein, wenn ein 100 Kilogramm schwerer Mann stolpert. Auch durch Übergewicht wird die Prothese entsprechend belastet. In seltenen Fällen tritt nach der Endoprotheseoperation eine Weichteilverknöcherung in der Gegend der Operation auf, deren Ursache völlig unklar ist.

SPORTARTEN, DIE MIT EINER HÜFT- ODER KNIEPROTHESE IN ALLER REGEL ERLAUBT SIND

- Wandern
- Walking
- Radfahren (nach einem halben Jahr)
- Rückenschwimmen (Brustschwimmen nach einer Hüftoperation erst nach einem halben Jahr)
- Eventuell Joggen

Versteifung

In seltenen Fällen, zum Beispiel nach bakteriellen Infektionen, aber auch wenn eine Versteifung eine bessere Funktion als andere Alternativen verspricht, wird ein Gelenk künstlich versteift. Dabei wird es in eine Stellung gebracht, die im Zusammenspiel mit den anderen Gelenken noch Tätigkeiten erlaubt.

Für den Körper sind Prothesen (künstlicher Gelenkersatz) Fremdkörper. Schon beim Ersatz des Knorpels muss man mit Abstoßungsreaktionen durch das Immunsystem rechnen.

TIPPS, UM EINE PROTHESE ZU SCHÜTZEN

- In den ersten Monaten nach der Hüftoperation keinesfalls das Bein (Zehenspitzen) nach innen drehen, das Bein nach innen überkreuzen oder die Knie übereinander schlagen. Außerdem starkes Beugen im operierten Gelenk vermeiden, auch nicht zu tief sitzen. Benutzen Sie lieber ein Keilkissen.
- Am Anfang Hilfsmittel benutzen (Toilettensitzerhöhung, Strumpfanzieher, Zusatzgriffe im Bad, beim seitlichen Liegen Kissen zwischen den Beinen)
- Übergewicht verhindern oder abbauen
- Überlastung vermeiden (zum Beispiel bestimmte Sportarten, insbesondere Gruppenballspiele), schweres Heben und Tragen
- Regelmäßige Bewegung
- Beim Auftreten infektiöser Erkrankungen (zum Beispiel an Haut, Zähnen oder Atemwegen) den Arzt über das Kunstgelenk informieren

Mit Rheuma leben

Mit einer chronischen Krankheit ein ganz normales Leben zu führen ist oft nicht einfach und manchmal sogar unmöglich. Es gibt aber viele Dinge, die Sie tun können, um sich im Alltag mit Rheuma zurechtzufinden.
Sie erfahren nun, was Sie auf Reisen beachten müssen und welche konkreten Hilfen es von Krankenkassen und anderen Sozialversicherungsträgern für Rheumakranke gibt.

Körperliche Einschränkungen und seelische Auswirkungen

Verstecken Sie sich nicht, und verstecken Sie Ihre Hände nicht, wenn sie Zeichen einer rheumatischen Erkrankung aufweisen. Ihre Hände gehören zu Ihnen, und Sie können noch viel mit ihnen machen. Es gibt auch gar keinen Grund, sie zu verstecken: Alles, was Sie und Ihre Hände verrichten, wird nämlich mit größerer Anstrengung, mit mehr Willen und vielleicht auch mit mehr Hingabe zur Aufgabe erbracht.

Als belastender als die körperlichen Symptome wird oft das Bewusstsein empfunden, mit einer chronischen Erkrankung leben zu müssen und dauerhaft durch Einschränkungen und einen nicht genau vorhersehbaren Krankheitsverlauf beeinträchtigt zu sein. Auch hat das Umfeld von chronisch Kranken häufig Probleme, das Leiden der Patienten zu verstehen. So wird einer akuten Erkrankung meist mehr Verständnis als einer chronischen Krankheit entgegengebracht.

Jeder Rheumapatient muss sich leider letztendlich damit abfinden, mit einem gewissen Maß an Schmerzen zu leben, sofern er nicht ständig Medikamente dagegen nehmen möchte.

Im Laufe der Zeit kann es daher zu Schwierigkeiten mit Arbeitskollegen, Freunden und sogar mit der Familie kommen. Von beiden Seiten sind hier viel Geduld und Einfühlungsvermögen erforderlich.

Außerdem können Sie Ihren Familienmitgliedern ganz gezielt dabei helfen, Sie zu unterstützen, zum Beispiel indem Sie ihnen bestimmte regelmäßige Aufgaben übertragen, die Sie selbst nur noch schlecht erledigen können. Lassen Sie sich jedoch vor allem nicht kränken, und ziehen Sie sich nicht zurück.

Manchmal geht bei chronischen Beschwerden auch das Engagement des behandelnden Arztes zurück. In einem solchen Fall ist es besonders wichtig, im Gespräch zu bleiben. Auch sollten beide Seiten die Krankheit unter denselben Gesichtspunkten betrachten, damit Sie und Ihr Arzt ein gemeinsames Behandlungskonzept finden und verfolgen können.

Wer durch Rheuma im Alltag stark eingeschränkt ist, hat möglicherweise Anspruch auf einen Schwerbehindertenausweis, der manche Vorteile mit sich bringt.

HILFE DURCH SELBSTHILFE

Suchen Sie auch den Kontakt zu einer Selbsthilfegruppe, denn Leidensgenossen können Ihnen helfen, mit den Problemen, die eine chronische Erkrankung mit sich bringt, besser fertig zu werden.
Schließlich entwickelte die Deutsche Rheuma-Liga schon vor über zehn Jahren eine Aufbauschulung »Alltagsbewältigung und Lebensperspektiven«, die zur Ergänzung der krankheitsbezogenen Patientenschulungen dient.
Die Teilnehmer können in sechs Sitzungen praktische Fertigkeiten im Umgang mit ihrer rheumatischen Erkrankung erwerben. Wo und wann solche Schulungen stattfinden, erfahren Sie vom zuständigen Rheuma-Liga-Landesverband (→ Anhang, Seite 122).

Positive Einstellungen finden und neue Ziele setzen

Leider führt eine rheumatische Erkrankung dazu, dass Sie manche Dinge, die Sie früher getan haben, nun nicht mehr tun können. Doch gibt Ihnen dies auch die Chance, andere Dinge auszuprobieren, die für Sie genauso wertvoll sein können.
Helfen kann Ihnen dabei das ermutigende Buch der Zahnärztin Gabriele Brieden (→ Anhang, Seite 125), die zwar ihre Praxis aufgeben musste, sich dabei aber nicht selbst aufgab. Stattdessen gründete sie mit ihrem Mann ein Weiterbildungsinstitut und berät nun Menschen mit und ohne Handicaps.
So rät Frau Brieden zum Beispiel zu Einladungen ohne große, für die Gastgeber anstrengende Bewirtung, da die Kontakte und Gespräche im Vordergrund stehen sollen. Oder – noch besser – Freunde und Bekannte bringen etwas zum Essen mit und im Nu ist ein kleines Büfett angerichtet, ohne dass der Gastgeber viel Arbeit hat. Ihr Beispiel sollte Ihnen Mut machen, auch mit der Erkrankung ein normales Leben zu führen.

Krankheitsbewältigung

Wie gut wir eine Krankheit bewältigen, hängt zu einem großen Teil von unserem eigenen Verständnis von Krankheit und Gesundheit ab.

Wir alle – Ärzte, Therapeuten und Betroffene – haben immer gelernt, dass die Krankheit im Mittelpunkt der Bemühungen steht und nicht die Gesundheit.

Doch wenn man den Blick von der Krankheit weg auf die Gesundheit richtet, kommen neue Einflussmöglichkeiten auf das Wohlergehen und Wohlbefinden hinzu, zum Beispiel wenn wir uns fragen: Was können wir tun, um unser Gesundheitspotenzial zu erhöhen?

Besonders wichtig ist diese Frage, wenn die Ursache der Krankheit nur wenig oder nicht bekannt ist.

Krankheiten kann man gezielt einsetzen, um durch sie Aufmerksamkeit zu erlangen. Bitte bemühen Sie sich, diesen Weg nicht einzuschlagen! Sie geraten dadurch nur in Gefahr, in einen Teufelskreis zu geraten.

Aaron Antonowsky entwickelte in den 80er Jahren des letzten Jahrhunderts die Sichtweise der Salutogenese (Schaffen von Gesundheit). Nach seinen Forschungen sind bestimmte Grundvoraussetzungen erforderlich, um Gesundheit zu fördern und zu stärken.

Dazu gehören folgende Vorgänge:

- Das Verstehen der Vorgänge um uns. Das heißt wir müssen uns informieren, Zusammenhänge herstellen zwischen den einzelnen Teilbereichen, die zu unserer Gesundheit gehören.
- Die Kraft, den Herausforderungen des Lebens zu begegnen. Das heißt keine Passivität gegenüber der Krankheit und den Therapien zeigen, sondern Probleme aktiv angehen und zur Selbsthilfe greifen.
- Den Sinn des Lebens für uns selbst zu finden. Das heißt Ziele zu finden, die das Leben lebenswert und wichtig machen.

Außerdem sollten Sie sich – vor allem wenn Sie nicht mehr beruflich tätig sind – Aufgaben suchen, zum Beispiel schöne und kreative Hobbys oder eine Tätigkeit in Vereinen oder Organisationen, die Ihnen wichtig sind.

Radfahren ist eine hervorragende Möglichkeit, mit Rheuma mobil zu bleiben. Bei Ihrem Fahrrad sollten Sie aber auf einige Details achten.

Aktivität

Seien Sie aktiv, gehen Sie zum Beispiel schwimmen oder fahren Sie Rad. Radfahren schont die Gelenke und entlastet vor allem die Hüften. Achten Sie dabei darauf, dass Ihr Fahrrad (genau wie Ihr Schreibtisch) für Sie individuell gut passen muss.

Obwohl Sport grundsätzlich dem Gelenkverschleiß vorbeugt, ist bei vielen Extremskifahrern und Tennisspielern im Alter über 40 eine deutliche Schädigung der Knie- bzw. der Ellbogengelenke festzustellen. Die Wahl der Sportart und die Intensität, mit der sie betrieben wird, hat also durchaus einen großen Einfluss auf den Zustand unserer Gelenke.

So schont die richtige Höheneinstellung Ihre Kräfte: Sitzen Sie aufrecht, denn so kann die S-förmig gebogene Wirbelsäule Erschütterungen am besten abfedern. Eine Federung des Fahrrads ist inzwischen kein Luxus mehr.

Im Idealfall sitzt eine Federung sowohl im Heck des Fahrrads als auch im Bereich der Gabel. Da das gesamte Gewicht auf dem Gesäß, insbesondere auf den beiden Sitzbeinhöckern, lastet, ist ein luftgefederter Sattel ratsam. Die Sattelhöhe ist richtig eingestellt, wenn das Knie bei unten stehendem Pedal leicht angewinkelt ist. Auch die Lenkerhöhe sollte Ihnen ein aufrechtes Sitzen ermöglichen.

Wenn Sie nicht mehr auf einem Zweirad fahren können, müssen Sie trotzdem nicht auf das Radfahren verzichten. Individuell angepasste dreirädrige Fahrräder mit allen denkbaren Erleichterungen sind heute in relativ großer Auswahl erhältlich (→ Anhang, Seite 124).

Meditation

Vor allem wenn Sie unter Stress stehen, sollten Sie auf regelmäßige Entspannung Wert legen. Eine gute Möglichkeit hierzu bietet die Meditation. Im Gegensatz zu Entspannungsübungen macht Meditation den Geist beziehungsweise den Kopf frei durch Konzentration auf einen einzigen Gedanken. So ruhig wie ein Bach sollen die Gedanken beim Meditieren fließen. Zugleich werden innere Spannungen abgebaut. Es gibt zahlreiche Formen der Meditation, die aus Indien, aus Japan, vom Zen-Buddhismus oder von den abendländischen Klöstern kommen.

Fast alle Meditationsformen messen dem Atmen große Bedeu tung bei. Statt der angespannten, flachen und hektischen Atmung führen lange, bewusste Atemzüge zu Beruhigung und Ausgeglichenheit.

Atmen Sie hierbei tief in den Unterbauch, und spüren Sie Ihrem Atem nach, wohin er sich ausdehnt. Achten Sie auf die Bewegungen des Brustkorbs und des Bauches.

Wenn Sie nur schlecht sitzen können, können Sie auch im Gehen meditieren. Laufen Sie barfuß oder in Strümpfen über den Teppich, über den glatten Boden oder über eine Decke, und spüren Sie dem Abrollen Ihrer Füße nach, den Fußsohlen auf dem Untergrund, den Muskelbewegungen und Ihrem Atem.

Auch sitzend oder liegend können Sie bequem in einer Imagination (einer bildhaften Vorstellung) meditieren. Wenn Ihnen kühl ist, so lassen Sie sich in heißem Sand unter Palmen liegen und spüren Sie den Sonnenstrahlen auf Ihrer Haut nach, atmen Sie die Meeresluft tief in sich ein. Ist Ihnen eher heiß, dann versetzen Sie sich in die angenehme Kühle im Schatten eines mächtigen Baumes und lassen den Wind zart über die Haut streichen.

Außerdem können Sie im kreativen Schaffen meditieren, zum Beispiel beim Malen von Mandalas oder bei meditativer Bildschrift (Kalligraphie) mit Pinsel und Tusche. Auch sorgsame Gartenarbeit kann meditativ sein.

Schmerzen in den Hüft- und Kniegelenken hängen oft zusammen. Für das Gehtraining eignen sich nur ebene Strecken, das Joggen lassen Sie besser sein!

Kunst und Hobby

Ein exzellentes Beispiel für Krankheitsbewältigung durch Kunst und Hobby ist die mexikanische Malerin Frida Kahlo (→ Buchtipps, Seite 125). Als Gymnasiastin wurde sie 1925 beim Zusammenstoß einer Straßenbahn mit einem Bus in Mexiko schwer verletzt. Monatelang musste die 18-Jährige im Bett liegen. Verzweifelt suchte sie nach einer sinnvollen Beschäftigung und kam so auf die Idee mit dem Malen. Ihre ersten Versuche machte sie mit einer Spezialstaffelei, die über ihrem Bett aufgehängt war. Als sie endlich aufstehen und mit Hilfe eines Spezialkorsetts wieder laufen konnte, blieb sie der Malerei treu. Sie lernte den berühmten mexikanischen Maler Diego Rivera kennen und heiratete den exzentrischen, doppelt so alten Mann schließlich.

Nikotin und Alkohol können Arthrosen verursachen! Sie führen zu Stoffwechselveränderungen, die das Entstehen der Krankheit begünstigen.

Im November 1938 stellte eine New Yorker Galerie die Bilder von Frida Kahlo aus, und sie schaffte den Durchbruch zur international anerkannten Malerin. Dazwischen litt sie immer wieder unter massiven Schmerzen und musste sich mehreren schweren Operationen unterziehen. Aber sie gab nicht auf, malte, unterrichtete und betätigte sich schließlich auch politisch bis zu ihrem Tod im Jahre 1954.

Viele Menschen mit rheumatischen Beschwerden erleben die Freude, den Stolz, den Gewinn neuer Erfahrungen und auch die Ablenkung von Schmerzen durch künstlerische Betätigung am eigenen Leib und der eigenen Seele.

Zu den Tätigkeiten, die bei rheumatischen Beschwerden geeignet sind, gehören:

- Plastizieren, auch und besonders mit Ton;
- Malen mit den verschiedensten Techniken;
- Filzen;
- Fotografieren;
- Schreiben (beginnen Sie zum Beispiel mit einem Tagebuch oder Traumbuch);
- und vieles mehr, das Sie schon immer einmal machen wollten.

Reisen

Mobilität ist das große Schlagwort unserer Zeit. Das gilt für die Arbeit, aber noch mehr für die Freizeit. Doch Rheuma schränkt die Bewegung ein, macht sie schmerzhaft und mühsam. Als Folge verzichten viele Rheumabetroffene aufs Reisen. Das muss jedoch nicht sein, auch Rheumakranke können reisen. Selbst für schwer eingeschränkte Rheumakranke wie Rollstuhlfahrer gibt es Möglichkeiten, einige Wochen im Jahr die eigenen vier Wände zu verlassen und neue Dinge zu erleben und neue Erfahrungen zu sammeln. Allerdings erfordern Reisen gute Planung und Vorbereitung.

Verwechseln Sie Muskelschmerzen nicht mit rheumatischen Schmerzen! Muskelschmerzen sind in der Regel das Ergebnis einer falschen Körperhaltung, zum Beispiel am Schreibtisch, oder der Überbeanspruchung von Muskelpartien, zum Beispiel beim Sport. Nur in seltenen Fällen weisen Muskelschmerzen auf eine ernsthafte Erkrankung hin.

Die Wahl des Urlaubszieles

Dies fängt schon bei der Wahl des Urlaubsziels an. Die klimatischen Bedingungen müssen stimmen, damit die Erkrankung eher positiv und nach Möglichkeit nicht negativ beeinflusst wird. Vom Lupus Betroffene werden sicher Regionen mit intensiver Sonnenbestrahlung meiden. Auch die hygienischen Bedingungen am Urlaubsort sollten den notwendigen Erfordernissen genügen.

Auch wenn Sie eingefleischter Individualist sind – mit einer rheumatischen Erkrankung reist es sich unter Umständen besser in der Gruppe.

Ebenso sorgfältig will das Verkehrsmittel ausgewählt werden: Reisen mit dem eigenen Auto haben den Vorteil, dass Sie nach eigenem Bedarf Pausen einlegen und Hilfsmittel problemlos mitführen können.

Eine besondere Möglichkeit ist die Fahrt mit dem Wohnmobil (mieten Sie die für Sie am besten geeignete Variante), bei der die Reisenden Fahrzeug, Tisch und Bett dabeihaben.

Mit den Suchmaschinen des Internets finden Sie schnell die Webseiten und Adressen von Spezialreiseanbietern heraus. Sicher kann Ihnen aber auch ein gutes Reisebüro weiterhelfen.

Bei Fahrten mit der Bahn können Sie sich während der Fahrt jederzeit bewegen, bei Bus- und Flugreisen sind die Reisenden dagegen an den meist engen Sitzplatz gebunden. Doch sind Flüge wenigstens meist relativ kurz und die Fluggesellschaften bieten Hilfe am Flughafen an. Wenn Sie öffentliche Verkehrsmittel benutzen, sollten Sie sich unbedingt erkundigen, ob Ihr Gepäck abgeholt beziehungsweise transportiert werden kann, und dies auch im Voraus organisieren.

Wahl des Hotels

Bei der Wahl des Hotels empfiehlt es sich, gegebenenfalls auf behindertengerechte Zimmer zu achten. Die Wege zu Einkaufsmöglichkeiten, Strand, Pool oder Ähnlichem sollten nicht allzu lang sein. Spezielle Reiseveranstalter und große Selbsthilfeverbände kümmern sich auch um Gruppenreisen für in der Mobilität eingeschränkte Menschen.

Das richtige Transportmittel

Noch ein Wort zu den Versicherungen: Auch wenn chronische Erkrankungen manchmal von einer Reiserücktrittsversicherung ausgeschlossen sind, sollten Sie sich zumindest für den Eintritt akuter Erkrankungen oder eines Unfalls absichern. Gegebenenfalls ist auch eine Auslands-Krankenversicherung mit Rücktransport-Versicherung angeraten, wie sie von vielen Reiseveranstaltern oder Automobilclubs angeboten wird. Diese Versicherungen kosten nur ein paar Euro im Monat.

TIPPS UND HINWEISE FÜR DIE REISE

- Tragen Sie Reisedokumente, Medikamente und Notfallnummern immer bei sich beziehungsweise im Handgepäck.
- Bewegen Sie sich gerade auf längeren Fahrten oder Flügen so oft Sie können.
- Trinken Sie reichlich.
- Nehmen Sie Ihre Medikamente nach der aktuellen Zeit (Ortszeit) ein, auch wenn die Zeitverschiebung ein paar Stunden beträgt.
- Nehmen Sie kleine Hilfsmittel wie Nackenkissen, Keilkissen oder Kälte-/Wärmepackung mit.

Die Reiseapotheke

Lassen Sie sich Ihre regelmäßigen Medikamente für die Dauer der Reise - sicherheitshalber noch einige Tage länger - verschreiben, und vergessen Sie diese auch nicht. Zusätzlich ist eine kleine Reiseapotheke für den Fall der Fälle sinnvoll. Transportieren Sie Ihre Medikamente unbedingt im Handgepäck, und nehmen Sie auch Ihren Medikamentenpass und eine Kopie des letzten ausführlichen Arztberichtes mit. Wenn Sie regelmäßig Kortison einnehmen, ist für die Reisetage selbst manchmal eine leichte Erhöhung der Dosis sinnvoll.

Bei Einnahme von Betäubungsmitteln sollten Sie unbedingt eine ärztliche Bescheinigung mitnehmen (Vordruck kann aus dem Internet ausgedruckt werden: *→ Adressverzeichnis BfArM.* *Dann auf »Betäubungsmittel, Formulare« klicken).*

CHECKLISTE REISEAPOTHEKE

- Alle regelmäßig eingenommenen Medikamente für die Reisezeit und Ersatz für eine zusätzliche Woche.
- Ein zusätzliches Schmerzmittel, das Sie mit Ihrem Arzt ausgewählt haben.
- Antirheumatikum als Gel oder Salbe
- Bei entzündlichem Rheuma in Absprache mit dem Arzt Kortisontabletten, die Sie im Falle eines Schubes nehmen können.
- Desinfektionsmittel, Pflaster, elastische Binde (auch zur Gelenkstabilisierung)

Was Sie mitnehmen sollten

Selbstverständlich können Rheumakranke auf Reisen gehen, wenn sie das wollen! Sie müssen nur ihre Vorbereitungen und die Auswahl des Reiseziels auf ihre speziellen Bedürfnisse abstimmen!

Wählen Sie auch die Kleidung sorgfältig aus, insbesondere gutes Schuhwerk ist wichtig, gegebenenfalls mit Einlagen.
Da Sie auf der Reise möglicherweise mehr auf den Beinen sind als zu Hause, sollten Sie an die Gehhilfe und Bandagen denken.
Ihr Reisegepäck sollte leicht zu transportieren sein, gut eignet sich zum Beispiel eine Tasche mit Rädern und langem Griff zum bequemen Ziehen und ein Rucksack als Handgepäck.
Ihre Krankheit wird Sie wie ein Schatten auch im Urlaub begleiten. Lassen Sie es sich jedoch trotzdem nicht nehmen, zu genießen, zu entdecken und neue Erfahrungen zu sammeln.

Soziale Hilfen

In Deutschland gibt es ein eng geknüpftes Netz von Hilfen bei Krankheit und Behinderung. Manchmal ist es nur etwas schwierig, auch das zu finden, was man sucht. In den folgenden Abschnitten erhalten Sie eine kurze Übersicht, die Ihnen erleichtern soll, den rechten Weg zu finden.
Wie Sie hören und lesen oder sogar schon am eigenen Leibe erfahren haben, ändern sich die gesetzlichen Regelungen im sozialen und medizinischen Bereich in immer kürzeren Abständen. So ist es sehr gut möglich, dass die bei Drucklegung gültigen Zahlen inzwischen bereits wieder überholt sind. Sie bieten Ihnen jedoch auf jeden Fall einen gewissen Anhalt, doch ist eine aktuelle Überprüfung zu jedem Zeitpunkt nötig.

Krankenkassen

Die Leistungen der gesetzlichen Krankenkassen umfassen in erster Linie die medizinisch notwendige Behandlung. Hier gab es in den letzten Jahren in immer kürzeren Abständen Änderungen, insbesondere im Bereich von Zuzahlungen. Ihre Kasse gibt Ihnen sicher gern Auskunft über den aktuellen Stand.

Leistungen, auf die Sie Anspruch haben

- Bei Arbeitsunfähigkeit übernimmt in der Regel der Arbeitgeber die Lohnfortzahlung für die ersten sechs Wochen. Danach zahlt die Krankenkasse Krankengeld in Höhe von 70 Prozent des letzten regelmäßigen Bruttogehalts. Es wird jedoch innerhalb von drei Jahren für die gleiche Erkrankung maximal für 78 Wochen gezahlt (§ 44 ff. SGB V).
- Eine Haushaltshilfe kann bei einer Krankenhaus- oder stationären Rehabilitationsbehandlung von der Krankenkasse oder der Rentenversicherung finanziert werden, wenn Kinder, die unter zwölf Jahre alt oder behindert sind.
- Außerdem wird eine häusliche Krankenpflege bis zu vier Wochen gewährt, wenn dadurch ein Krankenhausaufenthalt vermieden oder verkürzt werden kann. Eine Verlängerung ist im Einzelfall nach Untersuchung durch den MDK (Medizinischen Dienst der Krankenkassen) möglich. Voraussetzung ist, dass die Pflege nicht von einer anderen Person im Haushalt übernommen werden kann. Auch darf keine »Pflegebedürftigkeit« vorliegen (§ 37 SGB V). Bei Pflegebedürftigkeit über sechs Monaten ist die Pflegekasse zuständig.
- Wer mehrere Monate krankgeschrieben war, kann sich stufenweise wieder in die Arbeit eingliedern lassen (§ 74 SGB V). Dabei ist der Versicherte formell noch arbeitsunfähig. Der Arbeitgeber bezahlt beispielsweise bei einem Arbeitseinsatz von 60 Prozent der Vollbeschäftigung nur diese 60 Prozent, die übrigen 40 Prozent werden von der Krankenkasse finanziert. Dieses Verfahren bedarf der Zustimmung aller Beteiligten.
- Mit dem GKV-Modernisierungsgesetz seit 2004 sind die Zuzahlungen bis zu einer Belastungsgrenze angehoben worden, die zwei Prozent des Bruttoeinkommens beträgt. Für chronisch Kranke, die an schwerwiegenden Erkrankungen leiden, beträgt die Belastungsgrenze ein Prozent. Nur Jugendliche unter 18 Jahren sind von den Zuzahlungen befreit.

Kuren beziehungsweise Rehabilitationsmaßnahmen werden immer seltener bezuschusst. Vielleicht überlegen Sie sich einmal, ob ein Wellnessurlaub mit entsprechenden Anwendungen (Bäder, Massagen, Gymnastik und so weiter) etwas für Sie wäre. Sie könnten damit den Urlaubszweck Erholung in einer schönen Landschaft mit der Linderung Ihrer speziellen Probleme kombinieren.

Alle chronisch Kranken müssen nun erst einmal Quittungen sammeln, um bei Überschreiten der Belastungsgrenze von ihrer Krankenkasse eine Befreiung von der Zuzahlung zu erhalten. Sie können alle gesammelten Quittungen sofort einreichen, wenn Sie diese Grenze erreicht haben.

»Chronisch krank« heißt dabei, dass die Betroffenen wenigstens ein Jahr lang jedes Quartal wegen derselben Krankheit ärztlich behandelt wurden und zusätzlich eines der folgenden Kriterien zutrifft:

Als »chronisch krank« gilt jeder Patient, der ein Jahr lang in jedem Quartal wegen derselben Erkrankung beim Arzt war. Außerdem muss gesichert sein, dass sich seine Krankheit ohne ständige ärztliche Behandlung verschlimmern würde, so dass Lebenserwartung und Lebensqualität vermindert sind. Weitere Kriterien sind das Vorliegen von Pflegestufe 2 oder 3 oder eine anerkannte Schwerbehinderung von mindestens 60 %.

- Pflegebedürftigkeit Stufe 2 oder 3
- GdB (anerkannte Schwerbehinderung) von mindestens 60 %
- Notwendigkeit einer durchgehenden medizinischen Versorgung, ohne die nach ärztlicher Einschätzung eine lebensbedrohliche Verschlimmerung, eine Verminderung der Lebenserwartung oder eine dauerhafte Beeinträchtigung der Lebensqualität zu erwarten ist.

Informationen zu Neuerungen in der gesetzlichen Krankenversicherung sind über das Beratungstelefon des Bundesgesundheitsministeriums (BMGS) zu erhalten (→ Adressen, Seite 121).

Fahrtkosten zur ambulanten Behandlung werden nur noch in Ausnahmefällen übernommen.

Zuzahlungen der Kassen

Die Zuzahlung für Krankenhausbehandlung und Anschluss-Rehabilitation beträgt derzeit zehn Euro pro Tag, aber nur für maximal 28 Tage pro Kalenderjahr. Die ambulante und stationäre Rehabilitation erfordert die gleiche Zuzahlung ohne Zeitbegrenzung.

Eine Ermäßigung besteht für Empfänger von Sozialhilfe, Übergangsgeld, Arbeitslosenhilfe, Ausbildungsförderung und geringem Nettoeinkommen.

Bis zum 18. Lebensjahr muss keinerlei Zuzahlung geleistet werden.

ZUZAHLUNGEN ZU MEDIZINISCHEN LEISTUNGEN

Zuzahlung	Höhe	Anmerkung
Arztbesuch Zahnarztbesuch	10,- Euro	Für 1. Arztbesuch im Quartal, wenn die nächsten auf Überweisung erfolgen, Ausnahme: Vorsorgetermine
Verschreibungspflichtige Arznei-, Verbandmittel	10 % des Preises, mindestens 5,- Euro, höchstens 10,- Euro	Eine Ausnahmeliste für nicht verschreibungspflichtige Medikamente, die erstattet werden, ist in Beratung
Heilmittel (z.B. Krankengymnastik, häusliche Krankenpflege)	10 % der Kosten und 10 % pro Verordnung. Bei Krankenpflege maximal 28 Tage/Jahr	Nur bis zur Höhe des Festbetrages
Hilfsmittel	10 % des Preises, mindestens 5,- Euro, höchstens 10,- Euro	
Bei Hilfsmitteln zum Verbrauch	10 % der Kosten/Einheit, max. 10,- Euro/Monat	
Krankenhausaufenthalt, ambulante und stationäre Rehabilitation	10,- Euro/Tag, begrenzt auf 28 Tage	

Pflegeversicherung

Die Pflegeversicherung ist stets bei der zuständigen Krankenkasse angesiedelt. Ziel der Pflegeversicherung ist es, Pflegebedürftigen die Selbstständigkeit am besten in der häuslichen Umgebung möglichst lange zu erhalten (§ 31 SGB XI). Auch hier ist eine Rehabilitationsbehandlung zur Vermeidung der Pflegebedürftigkeit möglich.

Die Leistungen der Pflegeversicherung erfolgen als Sachleistung (Grundpflege durch professionelle Pflegekräfte) oder als Auszahlung von Pflegegeld an pflegende Angehörige. Auch technische Hilfen wie Rollstuhl oder Pflegebett können von der Pflegeversicherung übernommen werden.

Zuzahlungen sind für viele chronisch Kranke ein heikles Thema. Sprechen Sie rechtzeitig mit Ihrer Krankenkasse darüber, worauf Sie Anspruch haben und was Sie im Einzelnen beachten müssen, wenn Sie in den Genuss einer Befreiung kommen wollen.

Die Pflegebedürftigkeit gliedert sich in drei Stufen. Die Festlegung erfolgt durch den MDK (Medizinischen Dienst der Krankenkassen):

Stufe I	erheblich pflegebedürftig	Hilfe 1 x täglich für mindestens 90 Minuten
Stufe II	schwer pflegebedürftig	Hilfe 3 x täglich für mindestens drei Stunden
Stufe III	schwerst pflegebedürftig	Hilfsbedürftigkeit rund um die Uhr, auch nachts, für mindestens fünf Stunden

Rentenversicherung

Schreibtischarbeit kann krank machen 1: Die Euronorm für Tischplatten ist leider für viele Menschen zu niedrig: Jeder, der über 1,74 Meter groß ist und viel am Schreibtisch sitzt, hat große Chancen auf Probleme mit der Wirbelsäule, besonders im Hals- und Lendenwirbelbereich.

Die Rentenversicherung ist an einem langen Arbeitsleben ihrer Versicherten interessiert und finanziert deshalb bei deutlich geminderter oder gefährdeter Leistungsfähigkeit eine stationäre oder teilstationäre Rehabilitation (§ 15 SGB VI). Wird der Antrag zu Unrecht abgelehnt, ist die Überprüfung der Entscheidung durch einen Widerspruch zu erreichen. Ist der Versicherte endgültig aus dem Arbeitsleben ausgeschieden, oder erfüllt er die formellen Voraussetzungen (Versicherungszeit oder Ähnliches) nicht, ist die Krankenkasse für die Rehabilitation zuständig. Die medizinische Rehabilitation kann sowohl ambulant als auch stationär erfolgen.

Als Nachsorgeleistungen im Sinne einer Weiterführung von physikalischen Therapiemaßnahmen im Anschluss an die Rehabilitation sind Rheumafunktionstraining und ein spezielles, intensiviertes Reha-Nachsorgeprogramm der Bundesversicherungsanstalt BfA namens IRENA möglich.

Die Rentenversicherung beteiligt sich neben der Bundesagentur für Arbeit auch an den Kosten der beruflichen Rehabilitation. Die Möglichkeiten reichen hier von materiellen Hilfen für einen behindertengerechten Arbeitsplatz über Eingliederungshilfen bis hin zu berufsfördernden Leistungen im Sinne von Weiterbildungsmaßnahmen.

Bei schweren und chronischen Erkrankungen kann eine Frühberentung wegen Erwerbsminderung unumgänglich sein (§ 43 SGB V). Die Erwerbsminderungsrente wird meist als Zeitrente für eine Dauer von drei Jahren gewährt, wobei eine Verlängerung möglich ist.

Schreibtischarbeit kann krank machen 2. Die neuen großen PC-Bildschirme führen zu einer erhöhten Störanfälligkeit der Halswirbelsäule, weil die Tische häufig zu niedrig sind, um in gerader Haltung auf den Monitor zu blicken.

Eine teilweise Erwerbsminderung liegt vor, wenn die Versicherten wegen Krankheit oder Behinderung auf nicht absehbare Zeit zwischen drei bis unter sechs Stunden täglich im Rahmen einer Fünftagewoche unter den üblichen Bedingungen des allgemeinen Arbeitsmarktes erwerbstätig sein können. Die Rentenhöhe entspricht der Hälfte einer Rente wegen voller Erwerbsminderung.

Eine volle Erwerbsminderung liegt vor, wenn die Versicherten nur noch weniger als drei Stunden täglich arbeiten können. Genaue Auskünfte zu den vorzeitigen Berentungen erteilen die zuständigen Rentenversicherungen.

Die gesetzliche Berufsunfähigkeitsversicherung ist zu Beginn des Jahres 2001 weggefallen. Auf Grund des Bestandsschutzes kann sie jedoch noch für Versicherte in Frage kommen, die die Voraussetzungen vor dem 1. 1. 2001 erfüllten.

Die Schreibtischarbeit in unergonomischer Haltung gehört zu den Tätigkeiten, die die Gesundheit unserer Wirbelsäule am meisten gefährden.

Versorgungsamt

Durch Krankheit oder Unfall Behinderte haben Anspruch auf einen so genannten Nachteilsausgleich. Der Umfang dieses Nachteilsausgleiches richtet sich nach dem GdB, dem Grad der Behinderung, den das zuständige Versorgungsamt festlegt. Ab einem GdB von 50 besteht eine Schwerbehinderung. Als schwer behindert können im Rahmen der »Gleichstellung« auch Personen eingestuft werden, die auf Grund einer Einbuße der körperlichen Beweglichkeit keinen GdB von 50, aber mindestens von 30 zuerkannt bekommen haben.

Schreibtischarbeit kann krank machen 3: Unser Kopf hat im Verhältnis zur Tragekraft des Halses ein ziemlich hohes Gewicht. Dadurch ist unsere Halswirbelsäule schon von Natur aus durch Überlastung gefährdet. Zusätzlich führt langes Sitzen vor dem Computer zu schmerzhaften Verspannungen in der Nackenmuskulatur.

Steuerersparnis

Auch unabhängig von der Schwerbehinderung und der Anerkennung als »chronisch Kranker« im Sinne der Krankenkassenregelung können Rheumakranke im Lohnsteuer- oder Einkommensteuer-Jahresausgleich Aufwendungen für ihre Erkrankung geltend machen, wenn diese von keiner anderen Stelle ersetzt wurden. Es werden allerdings nur Beträge anerkannt, die über einer bestimmten Grenze liegen, die sich nach Einkommen und Anzahl der noch zu versorgenden Kinder richtet.

RECHNUNGEN SAMMELN FÜR DAS FINANZAMT

- Zuzahlungen für Brillen
- Zahnersatz, Zahnspangen
- Arznei- und Hilfsmittel, die zum Beispiel auf Privatrezept oder grünem Rezept verordnet wurden.
- Rezeptgebühren
- Rechnungen für Massagen, Krankengymnastik und Ähnliches, soweit diese nicht erstattet wurden.
- Heilpraktikerrechnungen
- Krankenhaus- oder Rehabilitations-Zusatzkosten
- Privatkuren (hier Attest des Gesundheitsamtes nötig)
- Fahrtkosten zu Arzt oder Apotheke

Kontakte und Austausch mit anderen

In Selbsthilfegruppen finden sich Menschen mit den gleichen Problemen oder der gleichen Erkrankung zusammen. Es gibt sie in vielen Formen: von einer einzigen Gruppe im ganzen Land bis hin zu sehr großen, auch stark strukturierten und damit politisch einflussreichen Organisationen, wie sie zum Beispiel die Deutsche Rheuma-Liga darstellt.

Die Hauptanliegen einer Selbsthilfegruppe sind Kommunikation und Solidarität. Daraus ergeben sich die Ziele:

- Gemeinsame aktive Bewältigung der Krankheit, vor allem durch Gespräche;
- Selbsthilfe durch Ablenkung mittels diverser Aktivitäten;
- Austausch, Sammeln und Weitergabe von Informationen;
- Telefonkontakte durch Telefonketten.

Anatomisch geformte Spezialkissen aus dem Sanitätsfachhandel sind zwar anfangs etwas gewöhnungsbedürftig, entlasten aber die Halswirbelsäule effektiv.

Heute vergessen jedoch viele Mitglieder von Selbsthilfegruppen, dass es um »Selbsthilfe«, also um Aktivität jedes Einzelnen und eine gemeinsame Verantwortung geht. In vielen Gruppen kommt daher leider im Laufe der Zeit eine Vereinsmentalität auf, so dass sich der/die Vorsitzende und vielleicht noch ein kleiner Kern um alles kümmern muss und die Mehrheit nur passiv konsumiert.

Wie hilfreich Selbsthilfegruppen sind, zeigt eine große Untersuchung. Danach sind Mitglieder von Selbsthilfegruppen im Vergleich zu Kontrollpatienten besser informiert, aktiver und können ihre Erkrankung besser beeinflussen.

Wenn Sie also von einer chronischen rheumatischen Erkrankung betroffen sind, gibt es keinen Grund, den Mut und die Lebenslust zu verlieren. Lernen Sie, mit den Einschränkungen im Alltag umzugehen. Suchen Sie Kontakt zu anderen Betroffenen, tauschen Sie Erfahrungen aus. Sie werden sehen, wie sehr Ihnen das helfen kann. Eine Auflistung aller Selbsthilfegruppen und der dazugehörigen Internetadressen finden Sie im Anhang.

Verzeichnis der Fachbegriffe

Obwohl Rheuma eine weit verbreitete Krankheit ist, gibt es nur wenige Ärzte, die sich auf seine Behandlung spezialisiert haben. Adressen bekommen Sie von der Rheuma-Liga *(→ Anhang, Seite 122).*

Aerob Bei aerobem Training gewinnt die Muskelzelle Energie mit Hilfe der Verarbeitung von Sauerstoff. Das findet nur bei wenig intensivem Training mit relativ niedrigem Puls statt.

Anaerob Bei Training im anaeroben Bereich steht den Zellen nicht genügend Sauerstoff zur Energiegewinnung zur Verfügung. Das ist bei sehr intensiven körperlichen Belastungen mit hoher Herzfrequenz der Fall.

Analgetika Schmerzmittel

Antibiotikum Medikament zur Behandlung von Bakterieninfekten

Antigen Substanz, die vom Körper als fremd empfunden wird.

Antikörper Körpereigene, speziell gegen eine Sorte von Fremdstoffen (Antigene) gebildete Abwehrstoffe

Antinukleäre Faktoren Gegen den Zellkern gerichtete Antikörper

Antirheumatika Bezeichnung für Rheumamedikamente. Im Allgemeinen versteht man darunter die Gruppe der »nicht steroidalen Antirheumatika«, der kortisonfreien Entzündungshemmer, die auch schmerzlindernd wirken.

Arachidonsäure Wichtige Fettsäure, die nur bei Tier und Mensch vorkommt, und aus der Entzündungsübertragungsstoffe, zum Beispiel Prostaglandine, aufgebaut werden.

Arteriitis Gefäßentzündung von arteriellen (vom Herzen weg führenden) Blutgefäßen

Arthralgien Gelenkschmerzen

Arthritis Gelenkentzündung

Arthrodese Gelenkversteifung

Arthrographie Darstellung der Gelenkhöhle mit Kontrastmitteln

Arthropathie Gelenkerkrankung

Arthrose Verschleißerkrankung eines Gelenkes

Arthroskopie Gelenkspiegelung

Arthrosonographie Ultraschalldarstellung von Gelenken

Atrophie Verkümmerung (zum Beispiel der Muskeln)

Autoantigen Körpereigene Substanz, die vom Körper nicht als »körpereigen« erkannt wird.

Autoantikörper Antikörper, die gegen Autoantigene gebildet werden und eine Autoimmunkrankheit auslösen.

Bakerzyste Aussackung der Kniegelenkskapsel, die bis in die Kniekehle reicht.
Balneologie Bäderheilkunde
Bechterew → Morbus Bechterew
Blutplasma Blutflüssigkeit nach Entfernen der Blutzellen
Blutsenkung Abkürzung für Blut(körperchen)senkungsgeschwindigkeit, Abkürzung BSG oder BKS, einfachste Methode zur Messung der Entzündungsaktivität im Blut
Borrelien Erreger, die die Borreliose hervorrufen – eine Erkrankung, die Haut-, Gelenk- und neurologische Symptome auslösen kann; Übertragung durch Zecken
Borreliose → Borrelien
Bursa → Schleimbeutel

Carpaltunnel Knöcherne Rinne aus den Handwurzelknochen, in der am Handgelenk Gefäße und Nerven verlaufen.
Chondrose Verschleiß der Bandscheibe
Colitis ulcerosa Entzündliche Autoimmunkrankheit des Dickdarms
Computertomographie (Abkürzung **CT**) Schichtröntgenuntersuchung, mit sehr guter Darstellung vor allem von Knochen; allerdings ist die Strahlenbelastung nicht unerheblich.
Cortison → Kortison
COX-2-Hemmer → Cyclooxygenase-2-Hemmer
Coxarthrose (auch **Koxarthrose**) Hüftgelenksarthrose
C-reaktives Protein (Abkürzung **CRP**) Messung der Entzündungsaktivität über Eiweißkörper
Crohn → Morbus Crohn
Cyclooxygenase-2-Hemmer Neue Wirkstoffgruppe innerhalb der NSAR, die sich durch eine verbesserte Magenverträglichkeit auszeichnet.

Degeneration Abbau, Verschleiß
Dermatomyositis Seltene Kollagenose mit Entzündung vor allem auch der Muskulatur
Diabetes mellitus Zuckerkrankheit
Discusscheibe Bandscheibe
Disposition Veranlagung

Im Anfangsstadium verursacht eine Arthrose kaum Schmerzen, manchmal nur ein steifes Gefühl in den Gelenken. Oder das Gelenk knirscht oder knarrt, wenn es belastet wird.

Natürlich lebende Völker kennen auch im hohen Alter kaum Gelenkverschleiß. Daran kann man erkennen, wie wichtig Bewegung und eine gut ausgebildete Muskulatur am ganzen Körper ist.

Distorsion Verdrehung, Verstauchung

Dorsal Rückenwärts, nach hinten

DXA Dual-Energy-X-ray-Absorptiometrie, die am häufigsten angewandte Methode zur Knochendichtemessung

Dysbalance Ungleichgewicht

Dysplasie Fehlform, Fehlbildung bei der Organ- oder Skelettentwicklung

Dysregulation Fehlregulation

Endoprothese Gelenkersatz

Epikondylopathie Tendinose, meist am Ellbogen in Form eines Tennisellbogens (E. radialis) oder Golfellbogens an der Ell bogeninnenseite (E. ulnaris)

Enthesopathie Sehnenansatzbeschwerden

Entzündung Vielgestaltige Abwehrreaktion des Körpers auf Infektionen, aber auch auf Reaktionen des Immunsystems auf uns bisher unbekannte Auslöser (zum Beispiel bei der Entwicklung entzündlich-rheumatischer Erkrankungen).

Erythem Hautrötung

Erythrozyten Rote Blutkörperchen

Extraartikulär Außerhalb der Gelenke

Extremitäten Gliedmaßen

Faszie Hülle (der Muskulatur)

Femur Oberschenkelknochen

Ferritin Speichereisen

Fibromyalgie (auch **Fibromyalgie-Syndrom**) Ausgedehnte, nicht entzündliche weichteilrheumatische Erkrankung, die mit Ganzkörperschmerzen und weiteren Beschwerden einhergeht.

Fibula Wadenbein (äußerer Knochen des Unterschenkels)

Fraktur (Knochen-)Bruch

Funktionelle Störung Ein Organ ist in seiner Funktion gestört, ohne dass die Organgewebe krankhaft verändert sind.

Gelenkpunktion Mit einer Nadel (wie bei der Blutabnahme) wird Flüssigkeit aus dem Gelenk abpunktiert, teilweise wird im gleichen Eingriff auch ein Medikament eingespritzt, oft Kortison.

Gen Erbanlage

Genu Knie

Gicht Gelenkbeteiligung bei Störung des Harnsäure-Stoffwechsels

Gonarthrose Kniegelenksarthrose

Hämochromatose Eisenspeicherkrankheit
HLA Genetisches Merkmal, ähnlich wie das Blutgruppenmerkmal
HLA-B 27 Genetisches Merkmal mit Bedeutung für das Immunsystem. Dieses HLA-Merkmal bedingt eine Veranlagung für bestimmte Erkrankungen, zum Beispiel der seronegativen Spondyloarthritiden, aber auch der Iritis.
Humerus Oberarmknochen
Hyperurikämie Erkrankung durch erhöhte Harnsäure im Blut

Iliosakralgelenk Kreuz-Darmbein-Gelenk
Immunkomplexe Verbindung von Antigen und Antikörper (meist in größerer Zahl)
Immunreaktion Das Immunsystem des Körpers reagiert auf körpereigene Produkte wie auf ein Fremdkörpereiweiß und bildet Antikörper, die den Fremdstoff festhalten.
Immunsuppressiva Medikamente, die die Aktivität (oder Überaktivität) des Immunsystems senken.
Indikation Grund, eine Therapie oder Untersuchung durchzuführen.
Interaktion Gegenseitige Beeinflussung (von Arzneimitteln)
intraartikulär In das Gelenk (zum Beispiel Injektion)
Iritis Regenbogenhautentzündung

Karpaltunnel → Carpaltunnel
Kernspintomographie Schichtuntersuchungsverfahren, das die Ablenkung von Gewebeteilchen misst, die vorher magnetisch angeregt wurden, und vor allem Weichteile sehr gut darstellt.
Knochennekrose Untergang von Knochengewebe
Knochenszintigramm → Szintigramm
Kollagenosen Autoimmunkrankheiten, die systemisch auf das Bindegewebe einwirken, zum Beispiel Sklerodermie, Sjögren-Syndrom oder Systemischer Lupus erythematodes.
Kompression Quetschung
Kontraindikation Gegenanzeige, das heißt Begründung dafür, eine Therapie nicht durchzuführen.
Kortison (auch **Cortison**) Medikament, das mit der körpereige-

Räkeln Sie sich ausgiebig – am Morgen vor dem Aufstehen oder beim langen Sitzen am Schreibtisch. Dadurch werden angespannte Muskeln gedehnt. Das beugt der Entstehung von dauerhaften Fehlhaltungen vor.

Frauen sind von Gelenkverschleiß häufiger betroffen als Männer. Zum einen liegt das sicher an der weniger stark ausgeprägten Muskulatur, zum anderen scheint die moderne Lebensweise Frauen noch weniger zu entsprechen als Männern.

nen Substanz Cortisol, einem Nebennierenhormon, eng verwandt ist.

Leukozyten Weiße Blutkörperchen

Lupus-Erkrankung Abkürzung für die Bindegewebserkrankung »Systemischer Lupus erythematodes«

Luxation »Ausrenken«; der Gelenkkopf rutscht aus der Pfanne.

Lyme-Arthritis Durch Borrelien (siehe dort) übertragene Gelenkentzündung

Meniskus Knorpelring oder Halbring im Gelenk zur Stabilisierung der Gelenkverbindung (zum Beispiel im Kniegelenk)

Monarthritis Arthritis eines Gelenkes

Morbus (lat.) Krankheit

Morbus Bechterew Entzündliche Wirbelsäulenerkrankung, die in einigen Fällen noch heute zur Wirbelsäulenversteifung führt, wird auch Spondylitis ankylosans oder Spondylitis ankylopoetica genannt.

Morbus Crohn Immunologisch bedingte entzündliche Darmkrankheit

Morbus Still Entzündliches Gelenkrheuma im Kindesalter mit zusätzlich Fieber und Organbeteiligung

Muskelkontraktur Muskelschrumpfung

Myogelose Ganz umschriebene Muskelhärte, oft auch mit fortgeleitetem Schmerz

Myose Muskelverhärtung

Myositis Seltene Kollagenose mit Entzündung vor allem der Muskulatur

Nekrose Absterben eines abgegrenzten Gewebebezirkes durch Sauerstoffmangel

Nordic Walking Neue, dem Walking ähnliche Sportart, die mit zwei den Skistöcken ähnlichen Teleskopstöcken ausgeübt wird.

NSAR Nicht steroidale Antirheumatika, cortisonfreie Antirheumatika vom entzündungshemmenden und damit schmerzlindernden Typ (zum Beispiel Voltaren®)

Oligoarthritis Arthritis mehrerer Gelenke

Omarthrose Schultergelenksarthrose

Osteochondrose Meist auf den

Bandscheibenraum bezogen: Alterungserscheinungen der Bandscheibe mit knöcherner Reaktion des darüber und darunter liegenden Wirbelkörpers
Osteochondrosis dissecans Ablösung eines kleinen Knorpel-Knochenstückes (Gelenkmaus)
Osteophyt Knöcherner Anbau am Gelenkrand
Osteopenie »Altersnormaler« Knochenabbau
Osteoporose Krankhafter Knochenabbau, der über den im Alter normalen hinausgeht.

Pannikulose Degenerative Fettgewebserkrankung mit kleinen, druckschmerzhaften Knötchen und dem Hautbild einer »Zellulitis«
Pannus Entzündungsbedingte Bindegewebsvermehrung, zum Beispiel bei Entzündung der Gelenkinnenhaut
Pararheumatisch (griech. **»nebenrheumatisch«**) Bezeichnet Erkrankungen, die in ihrem Ursprung nicht zu den rheumatischen Erkrankungen gehören, aber in ihrem Verlauf Rheumasymptome auslösen.
Parese (Unvollständige) Lähmung
Patella Kniescheibe
pathologisch Krankhaft
Periarthropathie Erkrankung des Weichteilmantels an einem Gelenk
periartikulär In der Umgebung des Gelenkes
peripher Vom Zentrum (Rumpf) entfernt
Plasmapharese Austausch des Blutplasmas gegen Plasmareserven (bei Autoimmunerkrankungen oder Vergiftungen)
Phytotherapie Behandlung mit pflanzlichen Präparaten
Physiotherapie Krankengymnastik
Podagra Gichtanfall im Großzehengrundgelenk
Polyarthritis Arthritis vieler Gelenke
Polyarthrose Arthrose vieler Gelenke, meist benutzt für die Arthrose zahlreicher Finger (Fingerpolyarthrose)
primär Ursprünglich, unmittelbar entstanden
Prolaps Vorfall (der Bandscheibe)
Prostaglandine Wichtiges Produkt der Arachidonsäure mit vielfältiger Wirkung, zum Beispiel Entzündungvermittlung, Rege-

Schwere körperliche Arbeit schädigt die Brust- und Lendenwirbelsäule: Vor allem Jugendliche sollten nicht zu schwer tragen!

Bei Überforderung neigen wir dazu zu verkrampfen. Gezielte Entspannungsübungen tragen entscheidend dazu bei, unsere Muskulatur locker zu halten. Das beugt der Entstehung von Schmerz vor.

lung der Nierendurchblutung, Blutgerinnung oder Gebärmutterkontraktion.

Protrusion Vorwölbung (der Bandscheibe)

Psoriasis Schuppenflechte, erbliche Hauterkrankung, die nicht selten mit einer Gelenkbeteiligung einhergeht.

QCT (quantitatives Computertomogramm) Methode zur Messung der Knochendichte

Radius Speiche (daumenseitiger Unterarmknochen)

Raynaud-Syndrom Verfärbung der Finger durch Gefäßverkrampfung

Rezidivierend Immer wieder auftretend

Rehabilitation Wiederherstellung

Reizdarm »Funktionelle« Darmerkrankung ohne organischen Krankheitsbefund

Remission Nachlassen der Krankheitszeichen, ohne dass von einer völligen Heilung gesprochen werden kann.

Retropatellararthrose Arthrose des Gelenkes zwischen der Hinterfläche der Kniescheibe und dem Kniegelenk

Rheuma (griech.) »das Fließende«; wird hier in Übereinstimmung mit der Definition der WHO für die Bezeichnung aller Erkrankungen der Bewegungsorgane benutzt.

Rheumafaktor Laborwert, der am häufigsten (zu 60–70 %) bei der chronischen Polyarthritis gefunden wird, in seltenen Fällen auch bei anderen entzündlichen Erkrankungen und in etwa 5 % auch bei Gesunden oder zum Beispiel Menschen mit Arthrosen.

Sakroiliakalgelenk Bezeichnung für die kaum bewegliche Verbindung zwischen dem Kreuzbein und dem Darmbeinanteil des Beckens, Kreuz-Darmbein-Gelenk

Sakroiliitis Entzündung des Sakroiliakalgelenkes, des Kreuz-Darmbein-Gelenkes

Schleimbeutel Bindegewebige Tasche, in der auch eine Flüssigkeit ähnlich der Gelenkflüssigkeit produziert werden kann. Sie bildet sich zur Abpolsterung an Stellen aus, an denen der Knochen nahe unter der Haut liegt (zum Beispiel rückwärtige Ferse, Knie).

Sekundär Als Folgeerscheinung

Sensibilitätsstörung Störung

der Empfindungsfähigkeit der Haut

Seronegativ Bei einem seronegativen Befund ist der Rheumafaktor nicht nachweisbar.

Seronegative Spondyloarthriden Entzündliche Rheumaerkrankungsgruppe, die seronegativ und oft mit HLA-B 27 verbunden ist.

Sicca-Syndrom Trockenheitserkrankung an den Schleimhäuten (beim Sjögren-Syndrom)

Sjögren-Syndrom → **Sicca-Syndrom**

Sklerodermie Seltene rheumatische Erkrankung aus der Gruppe der Kollagenosen, die zu einer Verhärtung des Bindegewebes, vor allem an Händen. Füßen und im Gesicht führt.

Sonographie → Ultraschalluntersuchung

Spondylarthritis Entzündung der kleinen Wirbelgelenke

Spondylarthrose Alterungs- und Verschleißerscheinungen an den kleinen Wirbelgelenken

Spondylitis ankylosans → Morbus Bechterew

Spondylodese Operative Wirbelsäulenversteifung

Spondylodiscitis Entzündung von Wirbelkörper und Bandscheibe

Spondylolisthesis Wirbelgleiten, Verschiebung der Wirbelkörper gegeneinander

Spondylose Entzündung der Wirbelkörper, Alterserscheinungen an den Wirbelkörpern

Subakut Weniger akut, aber (noch) nicht chronisch

Subluxation Teilweise Verschiebung eines Gelenkes

Symptom Einzelnes Krankheitsmerkmal

Symptomatisch Auf die Symptome, die Krankheitszeichen ausgerichtet (Gegenteil: kausal, auf die Ursachen ausgerichtet)

Syndrom Beschwerdekomplex, der für eine bestimmte Krankheit charakteristisch ist.

Synovia Gelenkflüssigkeit

Synovialektomie Entfernung der Gelenkinnenhaut

Synovialitis Entzündung der Gelenkinnenhaut

Synoviorthese Verödung der Gelenkinnenhaut durch eine chemische oder radioaktive Substanz

Synthetisch Künstlich

Systemisch Den gesamten Organismus betreffend

Bewegung hält nicht nur fit, sie bremst den Alterungsprozess. Der Körper reagiert auf Bewegung mit einem höheren Sauerstoffverbrauch und einer besseren Durchblutung von Zellen und Gewebe.

Durch Bewegung wird außerdem die Durchblutung und Sauerstoffversorgung des Gehirns angekurbelt, was die Hirnleistung um bis zu 20 Prozent steigern kann.

Szintigraphie Verfahren, bei dem ein radioaktiver Stoff (Isotop) in den Körper gegeben wird, der Orte mit einem vermehrten Knochenstoffwechsel anzeigt.

Tendinose Reizung des Sehnenansatzes
Tendinitis Entzündung am Sehnenansatz
Thrombose Venenverschluss durch Blutgerinnsel
Thrombozyten Blutplättchen (Bestandteil des Blutes)
Tibia Schienbein
Tomogramm Schichtaufnahmen beim Röntgen
Tophus Harnsäureansammlung, die manchmal durch die Haut sichtbar ist. Meist besteht sie beim Vorliegen von Tophi Gicht.
Toxisch Giftig oder durch Gift verursacht
Trauma Verletzung
Trochanter major Großer Rollhügel, Knochenvorsprung an der Außenseite des Oberschenkelknochens etwa in Höhe der Leiste

Ulcus Geschwür
Ulna Elle (am Unterarm)
Ultraschalluntersuchung Schmerzlose Untersuchung eines Gelenkes, wobei vor allem die Weichteile und Flüssigkeitsansammlungen gut dargestellt werden können.
Uveitis (anterior) Augenkammerentzündung (im vorderen Anteil)

Vaskulitis Blutgefäßentzündung. Seltene entzündlich-rheumatische Erkrankung mit teilweise bedrohlichem Organbefall.
Ventral Bauchwärts
Viren Kleinste Krankheitserreger, die sich nur in lebenden Zellen vermehren können.

Weichteilrheuma Zusammenfassung von rheumatischen Erkrankungen, die nicht direkt an den Gelenken (einschließlich der Wirbelsäule) auftreten. Wenn keine nähere Bezeichnung angegeben ist, sind die weichteilrheumatischen Erkrankungen meist von nicht entzündlichem Charakter.
WHO World Health Organisation (=Weltgesundheitsorganisation); 1946 in Genf als Unterorganisation der UNO gegründet.

Kontaktadressen und Selbsthilfegruppen

Allgemeine Informationen

- **BAGH Bundesarbeitsgemeinschaft Hilfe für Behinderte e.V.,** Kirchfeldstr. 149, 40215 Düsseldorf, Internet: *www.bagh.de*
- **BAR Bundesarbeitsgemeinschaft für Rehabilitation,** Walter-Kolb-Str. 9, 60594 Frankfurt am Main, Internet: *www.bar-frankfurt.de* (auch kostenloser Versand von Broschüren
- **BfArM Bundesinstitut für Arzneimittel und Medizinprodukte,** Internet: *www.bfarm.de*
- **BMGS Bundesministerium für Gesundheit und Soziales**, für Neuerungen in der Gesetzlichen Krankenversicherung: Tel. 08 00/1 51 51 59, Internet: *www.bmgs.bund.de*
- **BSK Bundesverband Selbsthilfe Körperbehinderter,** Altkrautheimer Str. 20, 74238 Krautheim, Tel 0 62 94/4 28 10, Internet: *www.bsk-ev.de*
- **BFO Bundesselbsthilfeverband für Osteoporose e.V.,** Kirchfeldstr. 149, 40215 Düsseldorf, Tel. 02 11/31 91 65, Internet: *www.bfo-aktuell.de*
- **Deutsche Arthrose-Hilfe e.V.,** PF 110551, 60040 Frankfurt am Main, Internet: *www.arthrose.de*
- **DDCV Deutsche Morbus Crohn/Colitis ulcerosa Vereinigung e.V.,** Paracelsusstr. 15, 51375 Leverkusen, Internet: *www.dccv.de*
- **DFV Deutsche Fibromyalgie-Vereinigung e.V.,** Waidachshoferstr. 25, 74743 Seckach, Internet: *www.fibromyalgie-fms.de*
- **DGAK Deutsche Gesellschaft für angewandte Kinesiologie,** Eschbachstr. 5, 79199 Kirchzarten, Internet: *www.dgak.de*
- **Deutsche Vereinigung Morbus Bechterew e.V.,** Metzgergasse 16, 97421 Schweinfurt, Tel. 0 97 21/2 20 33, Internet: *www.bechterew.de*
- **Elternverein Rheumakranker Kinder e.V.,** Norderstraße 75, 25436 Tornesch, Beratungstelefon 0173-248 99 66, Internet: *www.kinderrheuma.de*

Auf dieser Seite finden Sie Anschriften und Internetadressen von wichtigen Verbänden und Selbsthilfegruppen für die verschiedenen rheumatischen Erkrankungen.

- **Kontaktbüro »Patientenschulung in der Rheumatologie«** c/o PCM, Wormserstr. 81, 55276 Oppenheim, Tel. 0 61 33/20 22
- **Kuratorium Knochengesundheit,** Leipzigerstr. 6, 74889 Sinsheim, Internet: *www.osteoporose.org*
- **Lupus Erythematodes Selbsthilfegemeinschaft e.V.,** Döppersberg 20, 42103 Wuppertal, Tel. 02 02/4 96 87 97. Internet: *www.lupus.rheumanet.org*
- **Sklerodermie Selbsthilfe e.V.,** Am Wollhaus 2, 74072 Heilbronn, Tel. 0 71 31/3 90 24 25, Internet: *www.sklerodermie-sh.de*
- **Verband der Osteopathen Deutschland e.V.,** Untere Albrechtstr. 5, 65185 Wiesbaden, Tel. 06 11/91 03 66 1, Internet: *www.osteopathie.de*

Für viele Rheumapatienten ist die Deutsche Rheuma-Liga die beste Anlaufstelle. Hier finden Sie die Adressen der verschiedenen Landesverbände. Die Zugehörigkeit zu einem Landesverband richtet sich nach Ihrem Wohnort.

Deutsche Rheuma-Liga

- **Deutsche Rheuma-Liga Bundesverband e.V.,** Maximilianstr. 14, 53111 Bonn, Tel. 02 28/7 66 06-0, Internet: *www.rheuma-liga.de*
- **Rheuma-Liga Baden-Württemberg e.V.,** Kaiserstr. 18, 76646 Bruchsal, Tel. 0 72 51/9 16 20, Internet: *www.rheuma-liga-bw.de*
- **Deutsche Rheuma-Liga Bayern e.V.,** Fürstenrieder Str. 90, 80686 München, Tel. 0 89/54 61 48 90, Internet: *www.rheuma-liga-bayern.de*
- **Deutsche Rheuma-Liga Berlin e.V.,** Schützenstr. 52, 12165 Berlin, Tel. 0 30/8 05 40 16, Internet: *www.rheuma-liga-berlin.de*
- **Deutsche Rheuma-Liga Brandenburg e.V.,** Friedrich-Ludwig-Jahn-Str. 19, 03044 Cottbus, Tel. 03 55/7 80 97 91 51, Internet: *www.rheumaliga-brandenburg.de*
- **Deutsche Rheuma-Liga Bremen e.V.,** Am Wall 102, 28195 Bremen, Tel. 04 21/1 76 14 29, Internet: *www.rheuma-liga.de/hb*
- **Deutsche Rheuma-Liga Hamburg e.V.,** Friedrichsberger Str. 60, Haus 21, 22081 Hamburg, Tel. 0 40/2 00 51 70, Internet: *www.rheuma-liga-hamburg.de*
- **Rheuma-Liga Hessen e.V.,** Elektronstr. 12 a, 65933 Frankfurt am Main, Tel. 0 69/35 74 14, Internet: *www.rheuma-liga-hessen.de*

- **Deutsche Rheuma-Liga Mecklenburg-Vorpommern e.V.,** Henrik-Ibsen-Str. 20, 18106 Rostock, Tel. 03 81/7 69 68 07, Internet: *www.rheuma-liga-mv.de*
- **Rheuma-Liga Niedersachsen e.V.,** Lützowstr. 5, 30159 Hannover, Tel. 05 11/1 33 74, Internet: *www.rheuma-liga-nds.de*
- **Deutsche Rheuma-Liga Nordrhein-Westfalen e.V.,** III. Hagen 37, 45127 Essen, Tel. 02 01/82 79 70, Internet: *www.rheuma-liga-nrw.de*
- **Deutsche Rheuma-Liga Rheinland-Pfalz e.V.,** Schloßstraße 1, 55543 Bad Kreuznach, Tel. 06 71/83 40 44, Internet: *www.rheuma-liga-rp.de*
- **Deutsche Rheuma-Liga Saar e.V.,** Schmollerstr. 2 b, 66111 Saarbrücken, Tel. 06 81/3 32 71, Internet: *www.rheuma-liga-saar.de*
- **Rheuma-Liga Sachsen e.V.,** Willmar-Schwabe-Str. 2-4, 04109 Leipzig, Tel. 03 41/1 21 14 19 50, Internet: *www.rheuma-liga-sachsen.de*
- **Deutsche Rheuma-Liga Sachsen-Anhalt e.V.,** W.-Borchert-Str. 75, 06126 Halle. Tel. 03 45/6 95 15 15
- **Deutsche Rheuma-Liga Schleswig-Holstein e.V.,** Holstenstr. 88–90, 24103 Kiel, Tel. 04 31/53 54 90, Internet: *www.rlsh.de*
- **Deutsche Rheuma-Liga Thüringen e.V.,** Weißen 1, 07407 Uhlstädt, Tel. 03 67 42/6 73 61, Internet: *www.rheuma-liga-thueringen.de*

Auskünfte über Arbeitskreise beziehungsweise Ansprechpartner für Fibromyalgie, Vaskulitis, Osteoporose, Eltern rheumakranker Kinder und über Clubs junger Rheumatiker gibt es beim Bundesverband und den Landesverbänden.

Rheumakinderkliniken

- 06120 Halle: **Kinderklinik der Uni,** Ernst-Grube-Str. 40, Internet: *www.uni-kinderklinik-halle.de*
- 13122 Berlin: **Klinikum Buch I Kinderklinik,** Karowerstr. 11, Internet: *www.kinderklinik-buch.de*
- 22081 Hamburg: **Allg. Krankenhaus,** Friedrichsberge 60, Pädiatr. Rheumatologie, Internet: *www.kinderrheumatologie.de*
- 24567 Bad Bramstedt: **Kinderrheumatologie,** Oskar-Alexander-Str. 26, Internet: *www.rheuma-zentrum.de*
- 48324 Sendenhorst: **St. Josef-Stift Kinderrheumatologie,** Westtor 7, Internet: *www.st-josef-stift.de*

- 60316 Frankfurt am Main: **Clementinen-Kinderhospital,** Theobald-Christ-Str. 16, Internet: *www.clementinen-kinderhospital.de*
- 72976 Tübingen: **Uniklinik Pädiatrie,** Hoppe-Seyler-Straße 1, Internet: *www.medizin.uni-tuebingen.de/kliniken/kinder_kl*
- 82467 Garmisch-Partenkirchen: **Rheuma-Kinderklinik,** Gehfeldstr. 24, Internet: *www.rheuma-kinderklinik.de*

Adressen für Hilfsmittel

Hilfsmittel erleichtern Rheumakranken die Bewältigung des Alltagslebens. Auf dieser Seite finden Sie Anschriften und Internet-Adressen verschiedener Hersteller.

- Gelenkschutz und Hilfen für den Alltag (Ratgeber, Katalog, Rheumashop) über die Rheuma-Liga (→ Seite 122)
- **BSK-Reiseservice,** Altkrautheimer Straße 20, 74238 Krautheim, Tel. 0 62 94/42 81 50, Internet: *www.bsk-ev.de*
- **Grahl GmbH Büro-Ergonomie,** 31595 Steyerberg. Internet: *www.grahl-d.de*
- **Hülsta,** Karl-Hüls-Str. 1 (ehemals Gerhart-Hauptmann-Str. 43–49), 48693 Stadtlohn, Tel. 0 25 63/86-0, Internet: *www.huelsta.de*
- **Kibo-med,** Am Ruckersberg 45, 63571 Gelnhausen. Tel. 0 60 51/88 96 34, E-Mail: kibomedbadenwannen@yahoo.de
- **Meyra,** 32689 Kalletal, Internet: *www.meyra.de*
- **Rölke Pharma** (Hüftschutz) GmbH, Friedrich-Ebert-Damm 112, 22047 Hamburg, Internet: *www.roelke.de*
- **TePe Mundhygieneprodukte Vertriebs GmbH,** Borsteler Chaussee 47, 22453 Hamburg, Tel. 0 40/51 49 16 05, Internet: *www.tepe-shop.de*
- **Tri-mobil** Spezialfahrräder, Josephstr. 30, 44791 Bochum, Internet: *www.tri-mobil.de*

Weitere Internet-Adressen zum Thema Rheuma

www.rheuma-online.de
www.tk-gesundheit.de
www.versorgungslandkarte.de:
Suchmaschine für Rheumaärzte, Therapeuten, Reha-Einrichtungen und Kliniken

Zum Weiterlesen

- *Oliver Bachmann:* Treppenlifte, die einfache und sichere Lösung. © Verlag Moderne Industrie. Landsberg 1999
- *BAGH:* Die Rechte behinderter Menschen und ihrer Angehörigen. Selbstverlag (siehe Adressen)
- *Christof Baur/Bernd Thurner:* Schlank und fit mit Hometrainern. © Verlagsgruppe Weltbild. Augsburg 2003
- *Gabriele Brieden:* Rheuma. Lernen mit der Erkrankung gut zu leben. © Springer Verlag. Berlin 1999
- *Bundesverband Selbsthilfe Körperbehinderter* (von dort erhältlich): Reise-ABC: Selbstbestimmtes Reisen für körperbehinderte Menschen. o.O. 2003
- *Yvo Escales:* Handicapped-Reisen Deutschland. Ausgabe 2004. Hotel- und Unterkunftsverzeichnis für Rollstuhlfahrer/Behinderte. © Fremdenverkehrs Marketing. o.O. 2003
- *Yvo Escales:* Handicapped-Reisen Ausland. Ausgabe 2003. Hotel- und Unterkunftsverzeichnis für Rollstuhlfahrer/Behinderte. © Fremdenverkehrs Marketing. o.O. 2002
- *Ernst Fischer:* Zeckenfibel. © MIT Verlag. Langenhagen 2001
- *Gabriele Henning:* Endlich frei von Schmerzen. © Verlagsgruppe Weltbild. Augsburg 1998
- *David Harp/Nina Feldmann:* Meditieren in drei Minuten. © Rowohlt Verlag. Reinbek bei Hamburg 1993
- *Hayden Herrera:* Frida Kahlo. © Droemer Knaur Verlag. München 2002
- *Christoph Schidlo:* So lindern Sie wirksam Arthrose. © Verlagsgruppe Weltbild. Augsburg 2004
- *Jens Schubert:* Schwerbehinderung. © Deutscher Taschenbuchverlag. München 2003
- *Leo Sparty:* Motorfahrzeuge für Behinderte. Fahrhilfen für Autos, Wohnmobile, Motorräder. © Reha-Verlag. o.O. 2000
- *M. Stark/P. Sandmeyer:* Wenn die Seele SOS funkt. © Rowohlt Verlag. Reinbek bei Hamburg 2001
- *Marlene Weinmann:* Schmerzfrei durch Fingerdruck. © Verlagsgruppe Weltbild. Augsburg 2003

Auch in Büchern finden Sie Informationen zum richtigen Umgang mit Ihrer Erkrankung. Wir haben Ihnen eine kleine Auswahl zusammengestellt, in jeder Bibliothek und Buchhandlung finden Sie aber sicher noch mehr Literatur zum Thema.

Über dieses Buch

Der Autor Dr. med. Wolfgang Brückle ist Chefarzt der Rheumatologischen Abteilung der Rheuma-Klinik Bad Nenndorf sowie Referent der Deutschen Rheuma-Liga. Er hat zahlreiche Bücher zum Thema Rheuma veröffentlicht.

Die Hinweise aus diesem Buch können und dürfen eine medizinische Behandlung nicht ersetzen. Wenn Sie krank sind oder sich krank fühlen, suchen Sie in jedem Fall Ihren Arzt auf, und befolgen Sie unbedingt die Anweisungen und Ratschläge Ihres Therapeuten.

Haftungsausschluss Die Inhalte dieses Buches sind sorgfältig recherchiert und erarbeitet worden. Dennoch kann weder der Autor noch der Verlag für die Angaben in diesem Buch eine Haftung übernehmen.

Bildnachweis Mauritius Die Bildagentur GmbH, Mittenwald: 4(Otto), 16 (age), 41, 55 (Pöhlmann), 58 (Otto), 73 (Fichtl), 77 (Merten), 101 (Geißer); MEV: 14, 79, 86, 89, 98; Okapia (NRI): 6; PhotoDisc, Hamburg / Seattle: 2, 3, 22, 24, 30, 37, 67, 69, 81, 94, 109; Project Photos: 21, 33; Sascha Wuillemet: 8; Zefa: 54 (Keller)

Weltbild Buchverlag -Originalausgaben-

Projektleitung: Dr. Ulrike Strerath-Bolz
Redaktion: Dorothea Steinbacher / Claudia Krader
Umschlaggestaltung: X-Design, München
Umschlagfoto: Mauritius Die Bildagentur GmbH, Mittenwald (Pöhlmann)
Innenlayout: X-Design, München
Satz: Dirk Risch, Berlin
Reproduktion: Point of Media GmbH, Augsburg
Druck und Bindung: Offizin Andersen Nexö Leipzig GmbH,
Spengleralle 26–30, 04442 Zwenkau

Gedruckt auf chlorfrei gebleichtem Papier

Printed in Germany

ISBN 3-89897-033-7

Register

Aktivität 36 ff.
- körperliche 97
Akupressur 83
Akupunktur 82 f.
Antirheumatika 61 f.
Aquajogging 74
Arachidonsäure 23
Arthritis 19
Arthrose 7, 9
Autogenes Training 51

Bachblütentherapie 84
Bandscheibenvorfall 16
Basismedikamente 65 f.
Beinwell 85 f.
Bewegung 36 ff.
- im Alltag 36
- im Alter 39
- Laufen 37
BMI 26

Cola 29

Dehnübungen 39 f.

Eisen 34
Elektrotherapie 78
Endoprothesen 91 f.
Entspannung 50 ff.
Ernährung 23 ff.
- mediterrane 30

Fibromyalgie 7, 18
Folsäure 34
Funktionstraining 73

Gelenk
- Aufbau 9
- Belastung 16
- Injektionen 68
- Schutzmaßnahmen 54
Gicht 7, 27 f.
Gleichgewichtstraining 72
Gymnastik 68 ff.
Gymnastikprogramm 41 ff.

Heilbäder 74
Hobby 100
Homöopathie 84 f.

Immunsystem 19
Isometrische Übungen 69

Johanniskraut 86

Kälteanwendungen 47 ff.
Kalzium 28 f., 34 f.
Kinesologie 82
Klimaeinfluss 21
Kortison 64 f.
- Nebenwirkungen 64
Krankenkassen 105 f.
- Zuzahlungen 106
Krankheitsbewältigung 97
Kunst 100
Kur 75 ff.

Lichttherapie 82
Lupus 13

Magnesium 35
Massagen 77
Medikamente 60 ff.
- Nebenwirkungen 62
- Wirkstoffe 63
Meditation 99
Medizinische Trainingstherapie 69 ff.
Mineralien 31 ff.
Morbus Bechterew 11

Nordic Walking 41

Omega-3-Fettsäure 23 f.
Osteopathie 80
Osteoporose 13, 28 f.

Pannikulose 21
Pflanzenheilkunde 85 f.
Pflegeversicherung 107
Polyarthritis, chronische 21
Psoriasisarthritis 12
Psyche
- Alarmzeichen 18
- Therapieverfahren 90
Pulsfrequenz 39
Purine 27 f.

Reflexzonenmassage 80
Rehabilitation 76 ff.
Reisen 101
- Hotelwahl 102
- Kleidung 104
- Reiseapotheke 103
- Transportmittel 102
- Urlaubsziel 101
Rentenversicherung 108 ff.
Rheuma
- Hilfen im Alltag 42 ff.
Rheumafaktor 10
Röntgenuntersuchung 12
Rosmarin 87
Rückenschmerzen 9

Schmerz 48 f.
Schmerzmedikamente 60 f.
Selbsthilfe 95 f., 111
Selen 35
Speiseplan 24
Spurenelemente 31 ff.
Stress 17, 48 ff.

Teufelskralle 86
Thermotherapien 79

Untersuchung der Gelenkflüssigkeit 11

Vitamine 31 ff.
- Vitamin A 31
- Vitamin B 1 31
- Vitamin B 6 32
- Vitamin C 32
- Vitamin D 33
- Vitamin E 33

Wärmeanwendungen 45 ff.
Wassergymnastik 73
Weichteilrheuma 15
Weidenrinde 87
Weihrauch 87

Yoga 52

Zink 35